Que
tipo
de
Criaturas
Somos
nós?

Dados Internacionais de Catalogação na Publicação (CIP)
(Câmara Brasileira do Livro, SP, Brasil)

Chomsky, Noam
  Que tipo de criaturas somos nós? / Noam Chomsky ; tradução de Gabriel de Ávila Othero e Luisandro Mendes de Souza. – Petrópolis, RJ : Vozes, 2018.
  Título original: What kind of creatures are we?
  Bibliografia.

  1ª reimpressão, 2019.

  ISBN 978-85-326-5859-3
  1. Linguagem e línguas – Filosofia I. Título.

18-18463   CDD-401

Índices para catálogo sistemático:
1. Filosofia e linguagem   401
2. Língua e linguagem : Filosofia   401

Cibele Maria Dias – Bibliotecária – CRB-8/9427

NOAM CHOMSKY

Que tipo de criaturas somos nós?

TRADUÇÃO DE GABRIEL DE ÁVILA OTHERO E
LUISANDRO MENDES DE SOUZA

EDITORA
VOZES

Petrópolis

© 2016 by Noam Chomsky.

Título do original em inglês: *What Kind of Creatures Are We?*

Direitos de publicação em língua portuguesa – Brasil:
2018, Editora Vozes Ltda.
Rua Frei Luís, 100
25689-900 Petrópolis, RJ
www.vozes.com.br
Brasil

Todos os direitos reservados. Nenhuma parte desta obra poderá ser reproduzida ou transmitida por qualquer forma e/ou quaisquer meios (eletrônico ou mecânico, incluindo fotocópia e gravação) ou arquivada em qualquer sistema ou banco de dados sem permissão escrita da editora.

CONSELHO EDITORIAL

Diretor
Gilberto Gonçalves Garcia

Editores
Aline dos Santos Carneiro
Edrian Josué Pasini
Marilac Loraine Oleniki
Welder Lancieri Marchini

Conselheiros
Francisco Morás
Ludovico Garmus
Teobaldo Heidemann
Volney J. Berkenbrock

Secretário executivo
João Batista Kreuch

Editoração: Maria da Conceição B. de Sousa
Diagramação: Sheilandre Desenv. Gráfico
Revisão gráfica: Nilton Braz da Rocha
Capa: Érico Lebedenco (Adaptação da capa orignal em inglês de Chang Jae Lee, Columbia University Press)
Ilustração de capa: Riccardo Vecchio

ISBN 978-85-326-5859-3 (Brasil)
ISBN 978-0-231-17596-8 (Estados Unidos)

Editado conforme o novo acordo ortográfico.

Este livro foi composto e impresso pela Editora Vozes Ltda.

SUMÁRIO

PREFÁCIO, 7

1 O QUE É LINGUAGEM?, 27

2 O QUE PODEMOS COMPREENDER?, 57

3 O QUE É O BEM COMUM?, 93

4 OS MISTÉRIOS DA NATUREZA – O QUÃO ESCONDIDOS ESTÃO?, 119

ÍNDICE REMISSIVO, 175

PREFÁCIO

Akeel Bilgrami

Este livro apresenta reflexões com base em toda a vida de um cientista da linguagem sobre as consequências mais amplas de seu trabalho científico. O título desta obra, *Que tipo de criaturas somos nós?*, demonstra exatamente o tamanho dessas consequências. Elas cobrem uma gama impressionante de áreas: linguística teórica, ciências cognitivas, filosofia da ciência, história da ciência, biologia evolutiva, metafísica, teoria do conhecimento, filosofia da linguagem e da mente, filosofia moral e política e, até mesmo, ainda que brevemente, o ideal da educação humana.

O capítulo 1 apresenta, com clareza e precisão, as ideias básicas de Noam Chomsky sobre linguística teórica e ciência cognitiva (ambos campos em que ele desempenhou um papel fundamentalmente central), registrando o progresso alcançado ao longo dos anos, mas registrando muito mais intensamente como essas afirmações sobre o progresso devem ser consideradas e o quanto de trabalho ainda precisa ser feito, mesmo nas áreas mais fundamentais. Também aparecem as mudanças de opinião que ocorreram ao longo desses anos – algumas das mais impressionantes tendo acontecido na última década.

O capítulo começa com a pergunta que seu título anuncia: "O que é linguagem?". A pergunta é válida porque, sem sabermos ao certo o que é a linguagem, não apenas não alcançaremos as respostas corretas para outras questões sobre vários aspectos específicos da linguagem (talvez não consigamos sequer elaborar corretamente essas questões específicas), como também não chegaremos nem perto de investigar ou mesmo de especular plausivelmente sobre a base biológica e as origens evolutivas da linguagem.

Uma tradição que remonta a Galileu e Descartes reconheceu a característica mais fundamental da linguagem, que então alcançou sua articulação mais explícita em Humboldt: "A linguagem é particularmente confrontada por um domínio sem fim e verdadeiramente ilimitado, a essência de tudo o que se pode pensar. Por conseguinte, deve criar um emprego infinito de meios finitos, e é capaz de fazê-lo através do poder que produz a identidade da linguagem e do pensamento"[1]. Darwin também é citado como repetindo isso de forma mais elementar no contexto das preocupações evolutivas sobre a linguagem: "Os animais inferiores diferem do homem apenas no poder quase infinitamente superior do homem de associar os sons e ideias mais diversificados". Vale ressaltar que existem três características fundamentais observadas aqui por Humboldt e Darwin. Primeiro, a reivindicação de um poder infinito que reside em uma base finita; segundo, a ligação entre sons e ideias; e, terceiro, a relação da linguagem com o pensamento. Tudo isso está reunido no que Chomsky chama, desde o início, de Propriedade Básica da Linguagem: "Cada língua fornece uma série ilimitada de expressões hierarquicamente estruturadas que recebem interpretações em duas interfaces: a interface sensório-moto-

---

[1]. Para as referências, cf. os capítulos dos quais as citações foram retiradas. Sobre a relação entre linguagem e pensamento, embora Chomsky pense agora estar bem mais perto do que jamais esteve, ele não acredita ser necessário afirmar algo tão forte como a "identidade" entre eles, como Humboldt faz. Descartes e Darwin, que figuram na discussão de Chomsky sobre a relação, não vão tão longe.

ra para a externalização e a interface conceitual-intencional para os processos mentais". O elemento hierárquico-estrutural se relaciona com a primeira característica; a interface sensório-motora, com a segunda; e a interface conceitual-intencional, com a terceira característica observada por Humboldt e Darwin.

O responsável por essa Propriedade Básica é um procedimento computacional. O significado filosófico disso é duplo: uma teoria da linguagem é necessariamente uma gramática gerativa, e a teoria é necessariamente sobre um objeto que os seres humanos individuais possuem, interno ao sujeito individual e sua mentalidade (*i.e.* elementos intensionais). Não se trata de uma teoria sobre enunciados externalizados; nem é, portanto, uma teoria sobre um fenômeno social. Os termos que captam esta distinção entre o que é individual/interno/intensional e aquilo que é externalizado/social são *língua-I* e *língua-E*, respectivamente. São as línguas-I que podem, sozinhas, ser objeto de estudos científicos – e não as línguas-E[2]. Embora tal estudo seja eventualmente convertido em termos biológicos, até que isso aconteça, a ciência captura os fenômenos em um nível de abstração que se relaciona com o nível cognitivo do poder computacional que satisfaz a Propriedade Básica[3].

---

2. Embora Chomsky mencione língua-E contrastando com língua-I, ele duvida da coerência da própria ideia e, portanto, da existência delas. Em vários ensaios, ele é crítico das assunções mais básicas que os filósofos fazem sobre essa coerência ao proporem abordagens dela.

3. Ao fazer esse ponto sobre o estudo no nível da abstração com uma visão para uma eventual abordagem em termos do cérebro, Chomsky aponta como a abordagem não é diferente no estudo científico da linguagem do que é, p. ex., na navegação dos insetos. Em outros trabalhos, Chomsky menciona algum progresso que poderia ter sido feito na investigação das bases biológicas; mas, além disso, cita como poderia haver também alguns pressupostos fundamentalmente errados sendo feitos por cientistas do cérebro sobre qual é seu objeto de estudo. Em relação a esse último ponto cf. sua referência ao trabalho de Charles Gallistel no cap. 2.

Uma tarefa diferente, mais geral, é descobrir os recursos subjacentes compartilhados por todas as línguas-I, que são determinados pelas propriedades biológicas das quais os seres humanos são dotados (um tema cujo significado mais amplo para a cognição em geral é discutido no capítulo 2). Essa tarefa mais geral é realizada com o objetivo de descobrir a dotação biológica que determina quais sistemas gerativos podem servir como línguas-I. Em outras palavras: Quais são as línguas humanas possíveis?

Chomsky ressalta então que, no momento em que o estudo das gramáticas gerativas abordando a Propriedade Básica da linguagem foi desenvolvido, surgiram questões surpreendentes com implicações de longo alcance. Uma delas é a "dependência da estrutura" das operações linguísticas: em todas as construções, em todas as línguas, essas operações invariavelmente dependem da distância estrutural, e não da noção computacionalmente mais simples de distância linear. Quem está aprendendo uma língua sabe disso automaticamente, sem instrução. Há evidências a esse respeito em estudos nas áreas de neurociência experimental e psicologia experimental. O resultado decorre do pressuposto de que a ordem simplesmente não está disponível para as operações que geram expressões estruturadas que são interpretadas na interface conceitual-intencional, para o pensamento e a organização da ação. Isso segue, por sua vez, o pressuposto muito natural de que as línguas-I são sistemas gerativos baseados na operação computacional mais elementar de todas, que não é dependente da ordem linear. Essas e muitas outras considerações fornecem evidências substanciais de que a ordem linear é algo acessório à linguagem, não relacionada ao núcleo sintático e semântico da linguagem. O mesmo vale para os vários arranjos externos das línguas gestuais; agora se sabe que as línguas gestuais são extremamente parecidas com as línguas orais, no que toca a sua estrutura, aquisição, uso e até mesmo sua representação neuronal. Presumivelmente, essas propriedades externas refletem condições impostas pelo sistema sensório-motor. A opção de usar ordem linear nem sequer surge para o aprendiz em fase de aquisição da linguagem. A ordem linear e outros arranjos são relevantes para o que se ouve – isto é, para o que é externalizado – e não para o que se pensa, que é interior.

Chomsky então ressalta que essas conclusões concordam bem com o pouco que se sabe sobre a origem da linguagem. O sistema sensório-motor "parece ter aparecido muito antes de a linguagem ter emergido", e parece haver pouca adaptação específica para a linguagem. Propriedades cognitivas muito mais profundas do que as encontradas em outros primatas – ou presumivelmente em primatas não humanos – são intrínsecas à linguagem. Os primatas não humanos têm sistemas gestuais adequados para a sinalização e sistemas auditivos adequados para a percepção da fala; contudo, ao contrário de crianças humanas, eles interpretam a fala humana como um mero ruído, e mesmo com muito treinamento não conseguem alcançar os rudimentos de uma língua gestual humana. Aristóteles disse que a linguagem é "som com significado", mas isso sugere a Chomsky que as prioridades desse *dictum* podem ser revertidas: a linguagem seria melhor compreendida como sendo "significado com o som". No caso de isso soar um tanto "platonista" (algo que foi propagado zelosamente por Jerrold Katz), deve-se ter em mente que, para Chomsky, o "significado" aqui é entendido como uma categoria completamente psicológica (eventualmente biológica); por isso, tal afirmação não se materializa de modo algum em termos platônicos.

Tais conclusões, por sua vez, alimentam a reivindicação de longa data de Chomsky de que a linguagem não deve ser entendida como sendo vinculada à comunicação – tal como é entendida, diversas vezes, por filósofos, antropólogos e outros. Se a externalização da linguagem é secundária e se o vínculo entre linguagem e pensamento é primordial, então a comunicação não pode ser peça fundamental em nenhuma resposta à pergunta que o capítulo faz ("O que é linguagem?"). Na verdade, como afirma Chomsky, há razões para pensar que a maior parte da linguagem (ou do pensamento) sequer é externalizada. Se compreendermos que a linguagem não é projetada por seres humanos, mas, antes, faz parte de sua dotação biológica, então, ao tomar a linguagem como objeto de estudo, de maneira científica ou filosófica, deve haver uma mudança considerável em nossas abordagens metodológicas.

A citação de Darwin que Chomsky menciona com aprovação diz que o que é fundamental sobre a linguagem é um "poder de associar os sons e ideias mais diversificados". Exceto pelo fato de que – como mencionamos – o som (juntamente com outros modos de externalização da linguagem) foi demovido. As próprias considerações teóricas de Chomsky sobre a Propriedade Básica tomam esse ponto literalmente – embora talvez não tão literalmente, já que "associar" não seja o termo exatamente correto na descrição da operação central que Chomsky postula. Associações acontecem até mesmo no condicionamento clássico (sineta, comida), e Chomsky repudiou abertamente as explicações de base comportamental sobre a linguagem. Além disso, associações entre dois objetos podem implicar que a ordem dos objetos é importante, de uma maneira que o peso muito maior colocado nas formas adequadas para a interpretação semântica na interface conceitual-intencional (ao invés da interface sensório-motora) estabelece que não é. Então, afastando-se dessa imprecisa palavra de Darwin ("associar"), o que o próprio Darwin quis dizer e o que Chomsky tem em mente é tornar central a concepção de que somos únicos em possuir a capacidade de "unir" ideias e elementos sintáticos.

E essa concepção fundamental da linguagem encontra seu eco na proposta teórica da Propriedade Básica, em que temos uma operação crucial, *Merge*[4], que pode operar externamente sobre dois objetos distintos para criar um terceiro, ou pode operar internamente dentro de um objeto para criar outro, produzindo automaticamente a propriedade ubíqua de "deslocamento" (*i.e.*, sintagmas ouvidos em um lugar, mas interpretados em um lugar diferente) na forma apropriada para a interpretação semântica complexa.

Estamos falando de *Merge* Externo e *Merge* Interno, respectivamente, e o respeito pela simplicidade no método científico – algo aplicável tanto na linguística como em qualquer outro lugar – diz que devemos manter a operação básica até este mínimo e não proliferarmos as operações para explicarmos o poder computacional que subjaz à Propriedade Básica. Mostrando alguns exemplos de como o *design* da linguagem é o melhor se mantivermos essa injunção metodológica, Chomsky apresenta mudanças em sua própria visão, como no caso do fenômeno do "deslocamento", que ele acreditava se tratar de uma "imperfeição" do sistema, mas, agora, ele vê o deslocamento como algo esperado, uma vez que se mantenham os pressupostos metodológicos mais simples.

O capítulo se encerra com uma tentativa ousada de explorar esses últimos pontos metodológicos para reunir duas questões aparentemente diferentes: Como devemos entender a Propriedade Básica? Como e quando surgiu a linguagem? Essa confluência de simplicidade de suposições no entendimento da Propriedade Básica e a ideia do *design* ótimo da linguagem podem ajudar a dar substância à hipótese mais plausível sobre a evidência limitada que possuímos sobre as

---

4. Mantivemos o termo *Merge* em inglês por se tratar de termo já consagrado na literatura especializada no Brasil [N.T.].

origens da linguagem: a linguagem não surgiu gradualmente, mas de maneira abrupta (e se trata de uma mudança relativamente recente). Tal "grande salto" evolutivo, podemos agora hipotetizar, talvez tenha sido causado por "alguma leve reconexão no cérebro [que] ocasionou *Merge*, em sua forma mais simples naturalmente, proporcionando a base para o pensamento ilimitado e criativo", inédito até então.

O capítulo 2, "O que podemos compreender?", consolida algumas dessas conclusões, começando por elaborar outro tema central no trabalho de Chomsky: os limites da cognição humana. Existe uma "expressão" que costumamos usar frequentemente: "o escopo e os limites de [...]". Chomsky leva isso muito a sério e dá um toque particular crucial na elaboração de sua compreensão de nossas habilidades cognitivas. Essas habilidades, que são mais amplas e mais profundas em seu alcance do que as de qualquer outra criatura que conhecemos, também estão sujeitas a limites, que se devem à nossa natureza. Como o título do livro sugere, somos um tipo de criatura, e nossas habilidades cognitivas têm uma base biológica.

Nós encontramos esse ponto implicitamente no capítulo 1, embora ali a discussão se limite à capacidade humana para a linguagem. O tratamento teórico da linguagem apresentada ali pressupunha essa noção de limites – isto é, pressupunha que somos geneticamente dotados de estruturas inatas que nos proporcionam nossa capacidade única de linguagem, estruturas que, ao mesmo tempo, limitam o que é a linguagem para nós, ou seja, que tipo de línguas-I podem existir. É para caracterizar essas estruturas inatas que o termo técnico "GU" é usado, e é dentro do modelo sobre o escopo e sobre os limites estabelecidos por essa dotação genética que a linguagem, entendida como um poder computacional, é explicada na proposta gerativista que foi resumida anteriormente.

Uma verdade sobre a linguagem é que ela é apenas um caso especial de um conjunto geral de escopos e limites que resultam do fato de sermos criaturas com uma biologia. A ideia parece não suscitar controvérsias quando se trata de habilidades físicas: o que nos torna habilitados para caminhar é o mesmo que nos impede de ter a habilidade de rastejar como cobras[5]. Chomsky pensa ser um preconceito negar que aquilo que é óbvio no caso das habilidades físicas não seja óbvio no caso das habilidades cognitivas (como podem sugerir as incessantes controvérsias em torno de ideias inatas). Possuir algumas habilidades cognitivas necessariamente significa que outras habilidades cognitivas podem estar faltando, habilidades cognitivas que outros tipos de seres poderiam possivelmente possuir. Só poderíamos negar esses limites se, ao estudarmos a cognição humana, ignorássemos o fato de sermos seres biológicos. E o capítulo 2 continua a tratar da questão de tais limites nas nossas habilidades cognitivas, de maneira geral, além do domínio específico da linguagem, retornando a diversos argumentos para tirar conclusões a respeito da linguagem novamente.

O capítulo explora o resultado metodológico dessa ideia a respeito dos limites cognitivos, lembrando, em primeiro lugar, uma distinção feita por Chomsky há quase cinco décadas entre "problemas" e "mistérios". Invocando o entendimento de Peirce sobre o método científico e sobre o crescimento científico, que recorre ao conceito de abdução (colocando *limites* sobre "hipóteses admissíveis"), ele argumenta

---

5. Devo esse exemplo a Carol Rovane. Cf. ROVANE, C. & BILGRAMI, A. "Mind, Language, and the Limits of Inquiry". In: McGILVRAY, J. (ed.). *The Cambridge Companion to Chomsky*. Cambridge: Cambridge University Press, 2005, p. 181-203.

que as estruturas inatas que são determinadas por nossa dotação genética estabelecem limites às questões que podemos formular. As questões que conseguimos formular de uma forma "tratável", ou manejável, são chamadas de "problemas". Contudo, dados os limites dentro dos quais essa formulação é possível, haverá coisas que escapam aos nossos poderes cognitivos; coisas sobre as quais sequer conseguimos pensar. Não conseguiremos, devido a nosso conhecimento e nosso modelo conceitual atuais, sequer formulá-las de maneira adequada para que uma investigação científica possa ser efetuada. Isso é o que Chomsky chama de "mistérios". O título deste livro, *Que tipo de criaturas somos nós?*, é abordado diretamente aqui, já que outros tipos de criaturas, com uma dotação biológica própria, diversa da nossa, podem ser capazes de formular problemas que, para nós, sejam misteriosos. Assim, para Chomsky (se não para Peirce, que, ao falar de hipóteses admissíveis, pode ter dado um papel menos determinante ao fato de sermos criaturas biológicas)[6], a distinção entre "problemas" e "mistérios" é relativa ao organismo.

Assim, uma parte bem importante desse quadro metodológico é que devemos aprender a relaxar sobre o fato de que temos limites cognitivos e que temos inevitavelmente de reconhecer alguns "mistérios". O capítulo final do livro, "Os mistérios da natureza", atravessa momentos vitais na história da ciência para nos mostrar essa lição metodológica.

Um momento crucial foi quando Newton derrubou os pressupostos de contato mecânico dos primórdios da ciência moderna que o precedeu, postulando, então, uma noção

---

6. Isso deve ser qualificado destacando que Chomsky, ao final desse capítulo, na verdade discute um argumento de Peirce que apela a considerações biológicas – em particular, considerações evolutivas baseadas na seleção natural (o que ele considera completamente falacioso). Isso sugeriria que o próprio Peirce fosse ambivalente sobre ver ou não sua alegação metodológica em relação às hipóteses admissíveis e os limites sobre elas como algo delimitado por nossa biologia.

de gravidade que minava as noções anteriores de matéria, movimento e causalidade – todas elas consolidações científicas de nosso entendimento acerca do mundo dos objetos. Tal entendimento era baseado no senso comum, algo presumivelmente determinado pelos limites cognitivos de nossa biologia. Chomsky aponta que, com Newton, surgiu um novo quadro, em que – à luz desses limites – algo inconcebível estava sendo proposto. O próprio Newton admitiu essa inconceptibilidade, chamando isso até de absurdo, mas ninguém, desde Newton, fez coisa alguma para recuperar isso. Pelo contrário, o absurdo simplesmente foi agregado à nossa imagem científica do mundo. Newton nunca deixou isso dissuadi-lo: ele elaborou leis explicativas e ignorou a falta de um entendimento subjacente mais profundo que poderia explicar as coisas como elas eram, ao mesmo tempo em que admitiu (ele e outros) forças descritas como "ocultas". Construir teorias inteligíveis do mundo era *suficiente*. E para fazer isso não era preciso encontrar o mundo inteligível no sentido mais profundo – o dos nossos limites cognitivos.

Pensadores que vieram depois dele (Priestley, em particular, aparece como um comentador perspicaz) tornaram explícita essa perspectiva metodológica e tiraram daí consequências para tópicos em filosofia da mente que frustram filósofos ainda hoje. Tivessem aceitado o que Priestley tinha para oferecer, eles poderiam ter reconsiderado aquilo que eles apresentam como sendo o "problema mente-corpo", ou "*o* problema difícil" da consciência. Os filósofos têm a tendência de marcar um problema como *incomparavelmente* "difícil" e aceitar com satisfação esse registro frustrado. Chomsky apela precisamente a essa história para mostrar, em primeiro lugar, que não há nada de original em encontrar algo "difícil" dessa maneira. Assim, por exemplo, aquilo que a introdução da noção de "gravidade" fez na física foi algo concebido para ser tão difícil mesmo para gerações depois de Newton – inclusive pelo próprio Newton[7]. O significado disso para o chamado "problema mente-corpo" é que coloca em dúvida se o problema pode continuar a ser formulado – desde Newton – de maneira coerente. A introdução de algo tão "misterioso" como a "gravidade" acabou se tornando essencial para a nossa compreensão dos corpos materiais e sua ação sobre eles sem contato estabelecido, e isso simplesmente acabou incorporado à ciência – na verdade, o novo senso comum de ciência. A partir disso, devemos concluir, de maneira filosófica, que tudo é imaterial; portanto, nada resta de claro no problema mente-corpo. Em uma inversão memorável e eloquente do *slogan* de Ryle, Chomsky diz que, longe de o fantasma ter sido esquecido, a máquina é que foi descartada e o fantasma permaneceu intacto. No que toca à consciência, a tendência que o filósofo tem de exigir que muito da nossa mentalidade seja consciente (uma tendência explícita em filósofos tão diferentes como Quine e Searle) foi trazida à tona quando foram examinadas as operações das habilidades dependentes de regras que encontramos tanto na linguagem como na visão. Chomsky se sente particularmente seguro disso, uma vez que grande parte do nosso pensamento consciente interage com aspectos da mente que estão escondidos da consciência, e, assim, restringir-se ao que é consciente prejudicaria uma compreensão científica da própria mente consciente.

Dada sua preocupação com um tratamento científico, Chomsky também se preocupa em mostrar que algumas maneiras de pensar sobre a linguagem, e sobre o pensamento, de forma mais ampla, não são cientificamente válidas.

---

[7]. Antes de Newton, o movimento era considerado como "o problema difícil" por William Petty e outros.

Há, em particular, uma vasta discussão sobre os elementos atômicos da computação. Evocando conceitos estabelecidos no capítulo 1, ele ressalta que estes são enganosamente descritos como "palavras" e como "itens lexicais" na literatura. E isso acontece porque, como eles alimentam a interface conceitual-intencional (que se mostrou primária, em contraste com a interface sensório-motora), eles não são construídos pelos processos de externalização. Ainda mais surpreendente para os filósofos é a afirmação de que, exceto por algumas exceções explicitamente estipuladas na matemática e nas ciências, tais unidades não têm propriedades referenciais e não devem ser consideradas como tendo relações constitutivas com objetos independentes da mente no mundo externo. A língua-I, que é a única noção cientificamente explicável de linguagem, é, portanto, completamente interna. Isso é explorado através de uma discussão de pontos de vista históricos, como os de Aristóteles e Hume, por meio de uma discussão de exemplos de tais átomos, que vão desde átomos relativamente concretos como "casa" e "Paris", até os relativamente abstratos, como "pessoa" e "coisa". A referência – ou denotação – aparece como algo demasiadamente contextual para ser estudada cientificamente, devendo ser vista como algo relevante para o uso a que a linguagem é posta e não como um aspecto constitutivo da própria linguagem. Tudo isso leva a uma taxonomia diferente da que é encontrada entre os filósofos, relegando quase tudo o que eles consideram ser "semântica" ao campo da pragmática.

Essas conclusões são relevantes para a questão da origem da linguagem. Os sinais de comunicação dos animais são causados por conexões diretas que eles mantêm com objetos no mundo externo. Não há como compreendê-los se uma dessas conexões causais for deixada de fora. O ponto central da discussão anterior foi, justamente, mostrar com precisão que não há conexões causais necessárias com uma realidade independente da mente para os átomos da computação humana. Isso dá mais razões para se concluir que o tipo de criatura que somos (um tipo que possui os poderes para a linguagem e para o pensamento tal como são) deve ter sido explicado, em termos evolutivos, tal como aparece no capítulo 1 – ao invés da explicação alternativa que Chomsky descreve como uma "contação de histórias" (citando Lewontin) sobre a evolução gradual de nossos antepassados criativos. Tal "contação de histórias" é um tipo de explicação que poderia ser aceita somente se não fosse considerada a atenção científica necessária à natureza do fenótipo que está sendo explicado. Também se considera uma contação de histórias, em parte, porque, como Lewontin diz, é uma "má sorte" não se ter acesso a nenhuma evidência sobre a qual essas explicações poderiam ser baseadas. Elas estão escondidas do acesso cognitivo humano, uma outra forma de nossa limitação.

Assim, os limites da nossa cognição são inevitáveis por uma variedade de razões, entre as quais levar a sério o fato de que somos criaturas biológicas. Ao contrário de Locke, Priestley, Hume, Russell, Peirce e Lewontin, que estão entre os heróis desse capítulo, Hilbert nega, de maneira explícita ("Não existe nenhum problema insolúvel"), tal como grande parte da filosofia contemporânea nega de maneira mais implícita, o fato de que existem mistérios, negando, assim, uma obviedade com base nesse fato simples. O fascinante é que Chomsky, depois de ter apresentado tudo isso, apresenta uma combinação interessante de atitudes em relação a isso. Por um lado, a própria ideia dos limites cognitivos que nos torna seres humanos com "mistérios" que outros tipos de seres podem achar perfeitamente tratáveis é um compromisso com aquilo que os filósofos chamam de metafísica realista. Como diz Chomsky: "Dados esses truísmos misterianistas, o que para mim é inconcebível é que não exista um critério para o que pode existir". Por outro lado, contudo, pegando a deixa de Newton, sua atitude é perfeitamente *pragmática*, uma vez que isso é compreendido. Só porque o que estudamos (*i.e.*, o mundo) pode não ser, em última instância, inteligível, não quer dizer que devamos nos sentir inibidos de nos esforçarmos para produzir teorias científicas inteligíveis sobre o mundo. Mesmo o conceito de ação humana livre, afirma Chomsky, que pode ir além de qualquer conceito que possuímos (crucialmente, determinação e aleatoriedade), pode se tornar, um dia, um conceito cientificamente tratável, embora estejamos ainda longe de tal entendimento. Isso é bem diferente da atitude de Kant, que afirmou que a liberdade pode ser pensada, mas não conhecida. Como Peirce e, antes dele, Newton – e ao contrário de Kant –, Chomsky não quer que seu próprio "misterianismo" e que sua própria insistência nos limites de nossos poderes cognitivos nos coloquem, como afirmou Peirce certa vez, "barreiras no caminho do conhecimento".

O capítulo 3, "O que é o bem comum?", eleva a restrição sobre nossa natureza, considerada em termos de capacidades individuais (para linguagem e cognição), e nos considera como criaturas sociais, procurando explorar o que é o bem comum e quais acordos políticos e econômicos promovem ou frustram esse bem comum.

O Iluminismo aparece em destaque na busca dessas questões, embora o que Chomsky tem em mente quando aborda o Iluminismo seja bastante amplo, incluindo figuras "liberais" conhecidas como Adam Smith[8] e Mill, assim como

---

8. Chomsky foi o primeiro a destacar esse lado de Smith muitas décadas atrás, um lado dele que tem sido estudado com algum detalhe muito mais recentemente na academia por Emma Rothschild e comentado por Amartya Sen.

as advindas da tradição romântica, como Humboldt e Marx. E sua interpretação também é ampla, enfatizando não só o lado de Smith, que é muitas vezes reprimido pela maioria de seus críticos liberais e radicais, bem como por seus devotos conservadores, mas também os princípios que permitem que o Iluminismo seja visto como um precursor de uma tradição anarquista posterior na Europa, assim como John Dewey na América.

O ponto de partida dessas investigações é, de fato, individualista e tem vínculos com os capítulos anteriores. Mesmo dentro de seus limites biologicamente determinados, as capacidades criativas que cada indivíduo possui (e que foram discutidas no capítulo 1 no domínio específico da linguagem) são precisamente o tipo de coisa cujo *desenvolvimento* completo faz com que os indivíduos cresçam como sujeitos. A questão social do bem comum necessariamente aparece quando nos perguntamos que tipos de instituições impedem esse desenvolvimento do indivíduo. Modelos sociais que enfatizam o interesse próprio, como o capitalismo, dificultam (ao invés de encorajarem) o desenvolvimento das capacidades individuais. Tanto as escoriações vívidas de Smith sobre o que a divisão do trabalho faz para destruir nossa individualidade criativa, como as palavras ásperas de Dewey sobre a sombra criada por interesses corporativos em quase todos os aspectos da vida pública e pessoal, são invocadas para estabelecer isso. A tradição do anarquismo (de Bakunin a Rudolph Rocker, passando pelo anarcossindicalismo do período da Guerra Civil Espanhola) combina ideias socialistas com os princípios liberais do Iluminismo clássico para construir um ideal de trabalho cooperativo, com o controle do local de trabalho e dos meios de produção pelos trabalhadores e uma vida social que gire em torno de associações voluntárias – que, se implementadas, acabariam com os obstáculos para o objetivo do desenvolvimento humano oriundos tanto do capitalismo de livre-mercado como das tendências bolcheviques para uma "burocracia vermelha". As ideias de Dewey sobre a educação revela como, em contraste com grande parte da prática contemporânea encontrada nas instituições educacionais, o objetivo do desenvolvimento humano pode ser buscado já a partir de uma idade precoce.

Há descrições comoventes de quantos desses ideais foram fundamentais para o ativismo de uma ampla variedade de movimentos de base – da tradição parlamentar radical inicial da Inglaterra do século XVII até as "meninas da fábrica" e os artesãos sobre quem Norman Ware escreveu em seu estudo sobre trabalhadores industriais na tradição americana, até teólogos da libertação da tradição católica na América Central. Essas tradições trabalhistas democráticas de longa data são contrastadas em detalhe com um entendimento diferente de democracia, numa tradição que começa nos Estados Unidos com as restrições "aristocráticas" de Madison, sobre quem deveria governar, e atualiza-se na visão das ideias de Walter Lippmann sobre um governo democrático de "especialistas", a versão americana do vanguardismo leninista, assegurando – como Chomsky deixa claro com seu olhar sobre os resultados das pesquisas sobre várias questões importantes, como sobre o sistema de saúde, que aquilo que as pessoas querem quase nunca é o que consta na agenda da política "democrática". Esse último entendimento da democracia, é claro, domina em grande parte a prática das sociedades e dos governos do mundo ocidental, e Chomsky está interessado em apontar que, mesmo no pior dos casos, esse entendimento nunca deixa a alegação de estar perseguindo pomposos ideais do bem comum, mostrando como o bem comum é universal de uma maneira bastante paradoxal: é pregado como algo que se aplica a todos, mesmo que seja violado em todos os lugares justamente por aqueles que se dizem estar representando a população, mas que, em grande parte, apenas estão buscando os interesses de alguns poucos.

Dado o ponto de partida fundamental na criatividade humana e a importância de seu crescimento sem obstáculos, a inclinação de Chomsky para o anarquismo não é surpreendente, e sua maneira de fazer isso tem sido sempre, como ele faz aqui novamente, declarar o seguinte: qualquer forma de coerção que impede isso nunca pode ser tomada como certa. Ela precisa ser justificada. Todos os arranjos que têm poder coercitivo, incluindo centralmente o Estado, devem sempre ser justificados. A posição padrão é que eles nunca são justificados – até e a menos que estejam. E dada a contingência das "multidões de capitalismo" (para usarmos sua própria expressão) em todos os cantos do mundo, há uma justificação de uma noção do Estado que protege os grandes números que são pressionados para as margens da sociedade (fazendo eco ao próprio Smith, que pensava que apenas o Estado poderia aliviar a vida opressiva que o capital industrial exerce sobre o trabalho)[9], muito diferente do Estado atual na maioria das sociedades, que, como Dewey afirma, em grande parte faz a oferta de corporações e, assim, remove o elemento socialista do anarquismo e permite apenas o elemento libertário – como resultado de que a democracia se torna uma "neodemocracia" (para combinar com o termo "neoliberalismo"), em que, se alguém sofre na pobreza, é porque, como Hobbes poderia ter dito, optou por ser pobre e sofrer. Assim, dar as costas a essa situação e justificar o

---

9. Alguém poderia acrescentar que há questões em que o Estado pode justificar por que ele poderia proteger não apenas os marginalizados e empobrecidos, mas *todos*, de sua loucura e desgraça, questões como aquelas do meio ambiente, p. ex., e de modo mais geral na proteção dos cidadãos dos dejetos culturais e da desolação psicológica (em uma palavra, problemas de "alienação") que afligem as sociedades capitalistas.

Estado como algo que oferece proteção para aqueles que sofrem com o capitalismo, longe de contrariar o anarquismo, é uma aplicação consistente de seus princípios em contingências históricas, um ponto que Chomsky apresenta com uma metáfora maravilhosa que ele diz que tomou emprestada do Movimento dos Trabalhadores Rurais Brasileiros e a estendeu – a metáfora de uma "jaula de ferro" cujo piso se tenta expandir à medida que se tenta reduzir o poder coercivo do Estado, mesmo que a jaula te proteja das forças destrutivas de fora, forças que nos tornam fracos, empobrecidos e alienados, e que tornam nosso planeta inabitável.

Tentei resumir, da melhor forma possível, um livro cuja complexidade intelectual, poder e amplitude de conhecimento e originalidade não podem ser capturados em um resumo – então, um exercício e um dever que não podem, no final, ajudar o leitor em absoluto. Mas o que vou dizer, sem pausa nem condição, é que houve tanto prazer e instrução nesse meu exercício que eu não poderia fazer melhor do que pedir ao leitor para estudar o livro por si mesmo – não apenas pelas qualidades que acabei de mencionar, mas por sua total seriedade de propósito em relação às questões mais profundas em filosofia e ciência e, acima de tudo, por sua vasta humanidade.

1 | O QUE É LINGUAGEM?

A questão geral que eu gostaria de abordar neste livro é antiga: Que tipo de criatura somos nós? Sei que não posso me iludir e imaginar que eu possa fornecer uma resposta satisfatória, mas me parece razoável acreditar que, em alguns domínios, pelo menos particularmente no que diz respeito à nossa natureza cognitiva, há certos *insights* interessantes e significativos, alguns novos. Além disso, parece ser possível eliminar alguns dos obstáculos que dificultam investigações adicionais, incluindo aí algumas doutrinas amplamente aceitas, que contam, entretanto, com fundamentos muito menos estáveis do que às vezes se acredita.

Irei trabalhar com três questões específicas, cada uma mais obscura que a anterior: O que é a linguagem? Quais são os limites da compreensão humana (se é que eles existem)? E qual é o bem comum que devemos tentar alcançar? Começarei com a primeira pergunta e tentarei mostrar como questões que podem parecer bastante específicas e técnicas podem levar, se tomadas cuidadosamente, a conclusões de grande alcance que são significativas em si mesmas e que diferem muito das concepções tomadas como certas e, muitas vezes, fundamentais nas disciplinas relevantes – as ciências cognitivas em um sentido amplo, incluindo aí a linguística e a filosofia da linguagem e da mente.

Ao longo do livro, vou discutir o que me parecem ser truísmos virtuais – mas de um tipo estranho. Eles geralmente são rejeitados. E isso representa um dilema, pelo menos para mim. E talvez você também esteja interessado em resolver esse dilema.

Falando sobre a linguagem, 2.500 anos de estudos intensos e produtivos não conseguiram chegar a uma resposta clara sobre o que é a linguagem. Mais tarde eu vou falar sobre algumas das principais propostas. Podemos perguntar o quão importante é preencher essa lacuna. Para o estudo de qualquer aspecto da linguagem, a resposta deve ser clara. Apenas quando contarmos com uma resposta – ainda que tácita – a essa pergunta será possível investigarmos questões sérias sobre a linguagem, questões relacionadas à aquisição e ao uso da linguagem, à origem, à mudança, à diversidade e às propriedades comuns das línguas, à ligação entre linguagem e sociedade, aos mecanismos internos que implementam o sistema, ao próprio sistema cognitivo e seus vários usos, tarefas distintas mas relacionadas. Nenhum biólogo proporia um relato sobre o desenvolvimento ou sobre a evolução do olho, por exemplo, sem nos dizer algo bastante definido sobre o que é um olho – esses mesmos truísmos se mantêm na investigação sobre a linguagem. Ou deveriam. Curiosamente, não foi assim que as questões de linguagem, de maneira geral, foram tratadas; esse é um ponto ao qual eu retornarei.

Entretanto existem razões muito mais essenciais para que tentemos determinar claramente o que é a linguagem, razões que estão diretamente relacionadas à questão sobre que tipo de criatura somos nós. Darwin não foi o primeiro a concluir que "os animais inferiores diferem do homem apenas no poder quase infinitamente superior do homem de associar os sons e ideias mais diversificados"[10] ("quase infinitamente" é

---

10. DARWIN, C. *The Descent of Man*. Londres: Murray, 1871, cap. 3 [Ed. bras.: *A origem do homem e a seleção sexual*. Curitiba: Hemus, 2002 [Trad. Atilio Cancian e Eduardo N. Fonseca]].

uma colocação tradicional que hoje pode ser interpretada como "de fato infinitamente"). Contudo, Darwin foi o primeiro a expressar esse conceito tradicional dentro de um modelo teórico ainda incipiente sobre a evolução humana.

Uma versão contemporânea é dada por um dos principais cientistas que se dedicam ao estudo da evolução humana, Ian Tattersall. Em uma revisão recente das evidências científicas atualmente disponíveis, ele observa que uma vez se acreditou que o registro evolutivo produziria "precursores precoces de nós mesmos. A realidade, no entanto, é bem diferente, pois está se tornando cada vez mais claro que a aquisição da sensibilidade [humana] única e moderna foi, em vez disso, um evento abrupto e recente. [...] E a expressão dessa nova sensibilidade foi quase certamente apoiada de maneira crucial pela invenção do que é talvez a única coisa mais notável sobre o nosso eu moderno: a linguagem"[11]. Nesse caso, uma resposta à pergunta "O que é a linguagem?" importa – e muito – a qualquer pessoa preocupada com a compreensão dos humanos modernos, ou seja, nós mesmos.

Tattersall data esse evento abrupto e súbito em algum lugar dentro da janela muito estreita de 50.000 a 100.000 anos atrás. As datas exatas não são claras – e não são relevantes para nossas preocupações aqui –, o fato de ter sido um evento abrupto, sim. Voltarei depois à vasta e crescente literatura de especulação sobre o tema, que geralmente adota uma postura muito diferente.

Se o relato de Tattersall for basicamente preciso, como a evidência empírica muito limitada indica, então o que surgiu nessa estreita janela temporal foi um poder infinito de "associar os sons e ideias mais diversificados", como disse

---

11. TATTERSALL, I. *Masters of the Planet:* The Search for Our Human Origins. Nova York: Palgrave MacMillan, 2012, p. xi.

Darwin. Esse poder infinito evidentemente reside em um cérebro finito. O conceito de sistemas finitos com poder infinito foi bem-compreendido já em meados do século XX. Isso tornou possível fornecer uma formulação clara daquilo que eu creio que deveríamos reconhecer como sendo a mais básica propriedade da linguagem, que eu chamo apenas de Propriedade Básica: cada língua fornece uma série ilimitada de expressões hierarquicamente estruturadas que recebem interpretações em duas interfaces: a interface sensório-motora para a externalização e a interface conceitual-intencional para os processos mentais. Isso permite uma formulação substantiva do poder infinito de Darwin ou, voltando muito mais longe, do *dictum* clássico de Aristóteles de que a linguagem é som com significado – embora o trabalho dos últimos anos mostre que "som" é muito limitado e que há um bom motivo para pensar que a formulação clássica seja enganosa, de diversas maneiras importantes, como voltarei a discutir adiante.

No mínimo, então, cada língua incorpora um procedimento computacional que satisfaça a Propriedade Básica. Portanto, uma teoria da linguagem é, por definição, uma gramática gerativa, e cada língua é o que chamamos, em termos técnicos, uma língua-I (esse "I" quer dizer "interior", "individual" e "intensional"). Estamos interessados em descobrir o procedimento computacional real; não algum conjunto de objetos enumerado por tal procedimento, o que ele "gera fortemente" em termos técnicos, vagamente análogo às provas geradas por um sistema axiomático.

Existe também uma noção de "geração fraca" – o conjunto de expressões geradas, algo análogo ao conjunto de teoremas gerados. E há também uma noção de "língua-E" (esse "E" quer dizer "externa"), que muitos – mas não eu – pensam ser igual a um *corpus* de dados, ou a algum conjunto infinito que é gerado de maneira fraca[12]. Filósofos, linguistas, cientistas cognitivos e da computação muitas vezes tomaram a linguagem como algo gerado da maneira fraca. Não está sequer claro que a noção de geração fraca possa ser usada para a linguagem humana. Na melhor das hipóteses, ela é derivada da noção mais fundamental de língua-I. Essas foram questões amplamente debatidas nos anos de 1950, apesar de não terem sido assimiladas da maneira apropriada, eu acredito[13].

Vou restringir a atenção aqui para a língua-I, uma propriedade biológica dos seres humanos, um subcomponente do cérebro (principalmente), um órgão da mente/cérebro no sentido vago em que o termo "órgão" é usado na Biologia. Eu assumo aqui que a mente é o cérebro visto com um certo nível de abstração. Essa abordagem é às vezes chamada de modelo biolinguístico. É um modelo considerado controverso, mas sem motivos, na minha opinião.

Há alguns anos, a Propriedade Básica resistiu a uma formulação clara. Pegando alguns clássicos, vemos que, para Ferdinand de Saussure, por exemplo, a linguagem (em seu sentido relevante) é um depósito de imagens de palavras na mente dos membros de uma comunidade; "ela não existe senão em virtude duma espécie de contrato estabelecido entre os membros da comunidade". Para Leonard Bloomfield, a linguagem é uma série de hábitos usados para responder a situações com sons de fala convencionais e para responder a esses sons com ações. Em outro lugar, Bloomfield definiu

---

12. O termo é meu. Cf. CHOMSKY, N. *Knowledge of Language*: Its Nature, Origin, and Use. Nova York: Praeger, 1986. Mas eu o defino quase vacuamente, como qualquer conceito da linguagem que não língua-I.

13. Uma fonte de equívocos pode estar em trabalhos anteriores, em que "linguagem" foi algumas vezes definida em passagens introdutórias em termos de geração fraca, embora o uso fosse rapidamente qualificado, por razões expostas.

a linguagem como "a totalidade dos enunciados feitos em uma comunidade de fala" – algo como a concepção anterior de linguagem estabelecida por William Dwight Whitney: a linguagem era "o corpo de sinais proferidos e audíveis pelos quais, na sociedade humana, o pensamento é, via de regra, expresso". Portanto, "sinais audíveis para o pensamento" – embora essa ainda seja uma concepção um pouco diferente, como veremos à frente. Edward Sapir definiu a linguagem como "um método puramente humano e não instintivo de comunicar ideias, emoções e desejos por meio de um sistema de símbolos produzidos voluntariamente"[14].

Com tais concepções sobre a linguagem, parece natural seguir o que Martin Joos chamou de "tradição boasiana" (de Franz Boas), aceitando que a linguagem pode diferir de maneira arbitrária e que cada nova língua deve ser estudada sem preconcepções[15]. Assim, a teoria linguística consiste de procedimentos analíticos para reduzir um *corpus* a uma forma organizada; basicamente técnicas de segmentação e classificação. O desenvolvimento mais sofisticado dessa concepção foi o *Método* de Zellig Harris[16]. Uma versão contemporânea

---

14. SAUSSURE, F. *Course in General Linguistics* [1916]. Nova York: Philosophical Library, 1959, p. 13-14 [Ed. bras.: *Curso de linguística geral*. São Paulo: Cultrix, 2006]. • BLOOMFIELD, L. "Philosophical Aspects of Language" [1942]. In: HOCKETT, C.F. (ed.). *A Leonard Bloomfield Anthology*. Bloomington: Indiana University Press, 1970, p. 267-270. • BLOOMFIELD, L. *A Set of Postulates for the Science of Language*. Indianápolis: Bobbs-Merrill, 1926. • BLOOMFIELD, L. "A Set of Postulates for the Science of Language". *Language*, 2, n. 3, 1926, p. 153-164. • WHITNEY, W.D. *The Life and Growth of Language*: An Outline of Linguistic Science. Londres: King, 1875 [Ed. bras.: *A vida da linguagem*. Petrópolis: Vozes, 2011 [Trad. Márcio A. Cruz]]. • SAPIR, E. *Language*: An Introduction to the Study of Speech. Nova York: Harcourt/Brace, 1921, p. 8 [Ed. bras.: *A linguagem: introdução ao estudo da fala*. Rio de Janeiro: INL, 1954 [Trad. Joaquim Mattoso Camara Jr.]].

15. JOOS, M. (ed.). *Readings in Linguistics*: The Development of Descriptive Linguistics in America Since 1925. Washington, D.C.: American Council of Learned Societies, 1958 [comentários].

16. HARRIS, Z. *Methods in Structural Linguistics*. Chicago: University of Chicago Press, 1951.

disso é entender a teoria linguística como um sistema de métodos para o processamento de expressões[17].

Em anos anteriores, era compreensível que a pergunta "O que é linguagem?" tivesse recebido apenas respostas indefinidas como as mencionadas acima, ignorando a Propriedade Básica. No entanto, é surpreendente descobrir que respostas similares permanecem atualizadas nas Ciências Cognitivas contemporâneas. Não é atípico um estudo atual sobre a evolução da linguagem em que os autores começam escrevendo "entendemos a linguagem como o conjunto completo de habilidades para ligar som a significado, incluindo a infraestrutura que o sustenta"[18], basicamente uma reiteração do *dictum* de Aristóteles, algo vago demais para servir de base a investigações mais avançadas. Como já dissemos, nenhum biólogo estudaria a evolução do sistema visual, admitindo que o fenótipo não fornece nada além do que o conjunto completo de habilidades para ligar estímulos a percepções, juntamente com qualquer coisa que o sustente.

Muito antes, nas origens da ciência moderna, havia indícios de uma imagem algo semelhante à descrita por Darwin e Whitney. Galileu perguntou-se sobre a "sublimidade da mente" da pessoa que "sonhava em encontrar um jeito de comunicar seus pensamentos mais profundos a qualquer outra pessoa [...] usando diferentes combinações entre os vinte caracteres numa página", uma conquista "que ultrapassa todas as invenções estupendas", mesmo as de "um Michelangelo,

---

17. Um retrocesso, creio, dado que confunde as noções fundamentalmente diferentes de competência e desempenho – grosseiramente, o que sabemos e o que fazemos – diferentemente do sistema de Harris, que não o faz.
18. DEDIU, D. & LEVINSON, S.C. "On the Antiquity of Language: The Reinterpretation of Neandertal Linguistic Capacities and Its Consequences". *Frontiers in Psychology*, 4, n. 397, 2013, p. 1-17.

um Rafael ou um Ticiano"[19]. O reconhecimento e essa maior preocupação com o caráter criativo do uso normal da linguagem logo se tornaram um elemento central da ciência/filosofia cartesiana; na verdade, um critério primário para a existência da mente como uma substância separada. Muito razoavelmente, isso levou a esforços para elaborar testes que pudessem determinar se alguma outra criatura possui uma mente como a nossa, principalmente por Géraud de Cordemoy[20]. Tratava-se de testes um tanto semelhantes ao "teste de Turing", embora concebidos de forma bem diferente. Os experimentos de De Cordemoy eram como um teste decisivo para a acidez, uma tentativa de tirar conclusões sobre o mundo real. O jogo de imitação de Turing, como ele deixou claro, não tinha tais ambições.

Deixando essas questões importantes de lado, não há nenhuma razão, hoje, para duvidar da ideia fundamental cartesiana de que o uso da linguagem tem um caráter criativo: ele geralmente é inovador, sem limites, apropriado às circunstâncias, mas não causado por elas (uma distinção crucial), além de poder gerar pensamentos em outros que reconhecem que poderiam ter se manifestado. Podemos ser "incitados ou inclinados" pelas circunstâncias e condições internas a falar de certa forma e não de outra, mas não somos "obrigados" a fazê-lo, como disseram os sucessores de Descartes. Também devemos ter em mente que o (agora) frequentemente citado aforismo de Wilhelm von Humboldt de que a linguagem envolve o uso infinito de meios finitos

---

19. GALILEI, G. *Dialogue Concerning the Two Chief World Systems* (1632) [end of "The First Day"].
20. Para referências e discussão, cf. CHOMSKY, N. *Cartesian Linguistics*: A Chapter in the History of Rationalist Thought. 3. ed. Cambridge: Cambridge University Press, 2009 [Introd. de James McGilvray] [Ed. bras.: *Linguística cartesiana*. Petrópolis: Vozes, 1972 [Trad. Francisco Guimarães]].

se refere ao *uso* da linguagem. Mais precisamente, ele escreveu que "a linguagem é muito peculiarmente confrontada por um domínio interminável e verdadeiramente ilimitado, a essência de tudo o que se pode pensar. Ela deve, portanto, fazer uso infinito de meios finitos, e é capaz de fazê-lo pelo poder que produz identidade entre linguagem e pensamento"[21]. Dessa forma, ele se coloca na mesma tradição de Galileu e de outros que associaram a linguagem ao pensamento, embora indo muito além, ao formular uma versão de uma concepção tradicional da linguagem como "a única coisa mais notável sobre o nosso eu moderno", citando novamente Tattersall.

Houve grandes progressos na compreensão dos meios finitos que possibilitam o uso infinito da linguagem, mas esse uso infinito ainda permanece, em grande parte, um mistério, apesar do progresso significativo na compreensão das convenções que guiam o uso apropriado, uma questão muito mais restrita. O quanto de mistério isso ainda tem é algo de que vou tratar no capítulo 2.

Um século atrás, Otto Jespersen levantou a questão de como as estruturas da linguagem "entram na mente de um falante" com base na experiência finita, gerando uma "noção de estrutura" que é "suficiente para guiá-lo na construção de frases de próprio cunho", essencialmente "expressões livres", que são tipicamente novas para falantes e ouvintes[22]. A tarefa do linguista é, então, descobrir esses mecanismos, mostrar como eles surgem na mente e ir além, para descobrir "os grandes princípios subjacentes às gramáticas de

---

21. VON HUMBOLDT, W. *On Language*: On the Diversity of Human Language Construction and Its Influence on the Mental Development of the Human Species [1836]. Nova York: Cambridge University Press, 1988, p. 91 [Trad. Peter Heath].
22. JESPERSEN, O. *The Philosophy of Grammar*. Nova York: Holt, 1924.

todas as línguas", trazendo-os à tona para obter "uma visão mais profunda sobre a natureza mais íntima da linguagem e do pensamento humanos" – afirmações que soam muito menos estranhas hoje do que na época estruturalista/comportamentalista que passou a dominar grande parte do campo de estudo, relegando ao ostracismo as preocupações de Jespersen e a tradição de onde elas derivaram.

Reformulando o programa de Jespersen, a tarefa primordial é investigar a verdadeira natureza das interfaces e dos procedimentos gerativos que os relacionam em várias línguas-I e determinar como elas surgem na mente e como são usadas, sendo o principal foco de preocupação naturalmente as "expressões livres". E ir além, para revelar as propriedades biológicas compartilhadas que determinam a natureza das línguas-I acessíveis aos seres humanos, o tópico da GU, a gramática universal, na versão contemporânea dos "grandes princípios subjacentes às gramáticas de todas as línguas" mencionados por Jespersen e agora reformulados em termos da dotação genética que produz a capacidade única de linguagem humana e suas instâncias específicas em línguas-I.

A mudança de perspectiva do meio do século XX para a gramática gerativa, dentro do programa biolinguístico, abriu o caminho para uma investigação muito mais abrangente sobre a própria linguagem e sobre tópicos relacionados à linguagem. A gama de materiais empíricos disponíveis em línguas da mais ampla variedade tipológica se expandiu enormemente, e elas são estudadas em um nível de profundidade que não poderia ter sido imaginado há sessenta anos. A mudança também enriqueceu bastante a variedade de evidências que suporta o estudo de cada língua individual, incluindo aí estudos de aquisição, neurociência, dissociações etc. Além do entendimento do que se aprende com o estudo de outras línguas, tendo como base o pressuposto bem definido de que a capacidade para a linguagem depende da dotação biológica compartilhada.

Assim que as primeiras tentativas foram feitas para construir gramáticas gerativas explícitas há sessenta anos, muitos fenômenos intrigantes foram descobertos, os quais não haviam sido observados, durante o período em que a Propriedade Básica ainda não tinha sido formulada; a sintaxe era considerada apenas como um "uso de palavras" determinado por convenção e analogia. Isso não deixa de ser reminiscente dos estágios iniciais da ciência moderna. Por milênios, os cientistas ficaram satisfeitos com explicações simples para fenômenos costumeiros: rochas caem e vapor sobe porque estão buscando seu lugar natural; objetos interagem por simpatias e antipatias; percebemos um triângulo porque sua forma voa pelo ar e se implanta em nossos cérebros; e assim por diante. Quando Galileu e outros se permitiram ficar intrigados com os fenômenos da natureza, a ciência moderna começou – e rapidamente se descobriu que muitas de nossas crenças não fazem o menor sentido e que nossas intuições constantemente estão enganadas. A vontade de ficar intrigado com o mundo é algo muito valioso e deve ser cultivado, desde a infância até as pesquisas mais avançadas.

Um enigma sobre a linguagem que veio à tona há sessenta anos – e que continua vivo e, acho, ainda muito importante – tem a ver com um fato simples, mas curioso. Considere a frase "Instintivamente, as águias que voam nadam". O advérbio "instintivamente" está associado a um verbo, mas esse verbo é "nadar" e não "voar". Não há nenhum problema com a ideia de que as águias que instintivamente voam nadam, mas ela não pode ser expressa dessa maneira. Da mesma forma, a pergunta "Podem as águias que voam nadar?" é sobre a capacidade de nadar e não de voar.

O que é enigmático aqui é que a ligação dos elementos que começam cada frase ("instintivamente" e "podem") ao verbo é remota, sendo baseada em propriedades estruturais, em vez de manter uma relação de proximidade baseada unicamente em propriedades lineares, o que seria uma operação computacional muito mais simples – e ideal para o processamento da linguagem. A linguagem faz uso de uma propriedade de distância estrutural mínima, nunca usando a operação muito mais simples de distância linear mínima. Nesse e em muitos outros casos, a facilidade de processamento é ignorada no *design* da linguagem. Em termos técnicos, as regras são invariavelmente *dependentes da estrutura*, ignorando a ordem linear. O enigma é entender por que a linguagem tem essa propriedade – não apenas o português ou o inglês, mas todas as línguas; e isso não funciona apenas com essas construções exemplificadas, mas também para muitas outras.

Existe uma explicação simples e plausível para o fato de que a criança conhece reflexivamente a resposta correta em casos como esses, mesmo que a evidência, para ela, seja pequena ou inexistente: a ordem linear simplesmente não está disponível para o aprendiz em fase de aquisição da linguagem. Ele é confrontado com exemplos como esses, e é guiado por um princípio profundo que restringe a busca à distância estrutural mínima – barrando a operação (muito mais simples) baseada na distância linear mínima. Desconheço qualquer outra explicação. E essa proposta, naturalmente, exige uma explicação adicional: Por que isso é assim? O que, no caráter geneticamente determinado da linguagem (ou seja, na GU), impõe essa condição particular?

O princípio da distância mínima é amplamente empregado no *design* geral da linguagem, presumivelmente um caso de um princípio mais geral – chamemo-lo de Computação

Mínima –, que, por sua vez, é presumivelmente uma instância de uma propriedade muito mais geral do mundo orgânico ou algo até mais profundo do que isso. No entanto, deve haver alguma propriedade especial no *design* da linguagem que limite a Computação Mínima para que ela opere com a distância estrutural ao invés da distância linear, apesar da maior simplicidade que a distância linear apresenta para efeitos de computação e processamento.

Há evidências independentes oriundas de outras fontes, incluindo da neurociência, que apoiam essa mesma conclusão. Um grupo de pesquisa em Milão estudou a atividade cerebral de indivíduos que foram submetidos a dois tipos de estímulos: línguas inventadas que satisfazem os requisitos da GU e línguas que não estão em conformidade com a GU (como uma língua com uma regra para negação que consistia em colocar o elemento negativo após a terceira palavra – uma operação computacional muito mais simples do que as regras de negação das línguas humanas). Eles descobriram que, no caso de conformidade com a GU, há ativação normal nas áreas cerebrais para a linguagem, ao passo que isso não acontece quando a ordem linear é usada[23]. Nesse caso, a tarefa é interpretada como um problema não linguístico – pelo menos é o que a atividade cerebral indica. O trabalho de Neil Smith e Ianthi-Maria Tsimpli com um sujeito com deficiência cognitiva, mas linguisticamente dotado, chegou a conclusões semelhantes. Curiosamente, contudo, o estudo também descobriu que pessoas normais também não conseguiram lidar com as violações da GU usando a ordem linear. Como Smith conclui: "o formato linguístico do experimento pareceu inibi-los de fazer generalizações apropriadas que

---

23. MUSSO, M. et al. "Broca's Area and the Language Instinct". *Nature Neuroscience*, 4, 2003, p. 774-781.

fossem independentes da estrutura, mesmo que pudessem resolver com facilidade problemas semelhantes em um ambiente não linguístico"[24].

Há uma pequena indústria na ciência cognitiva computacional que está tentando mostrar que essas propriedades da linguagem podem ser aprendidas por análise estatística de grandes quantidades de dados, *Big Data*. Essa é, de fato, uma das poucas propriedades significativas da linguagem que tem sido tratada de maneira séria nesses termos. Toda tentativa que é clara o suficiente para ser investigada se mostrou falha, irremediavelmente[25]. Entretanto, o que é mais importante é que esses esforços são, antes de mais nada, irrelevantes. Se eles forem bem-sucedidos, o que é virtualmente impossível, eles deixariam intocada a única questão realmente séria e original, a saber: *por que* a linguagem usa invariavelmente a complexa propriedade computacional de distância estrutural mínima nos casos relevantes, ao mesmo tempo em que sempre desconsidera a opção muito mais simples de distância linear mínima? A falha de chegar a essa compreensão exemplifica a falta de vontade de se sentir perplexo diante das coisas – aquilo de que eu falei anteriormente, o primeiro passo na investigação científica séria, tal como é reconhecido nas ciências duras pelo menos desde Galileu.

Uma tese mais ampla é que a ordem linear nunca está disponível para computação nas partes nucleares da linguagem que envolvem sintaxe e semântica. A ordem linear é, então, uma parte periférica da linguagem, um reflexo de propriedades do sistema sensório-motor, que exige tal or-

---

24. SMITH, N. *Chomsky*: Ideas and Ideals, 2. ed. Cambridge: Cambridge University Press, 2004, p. 136. Cf. tb. SMITH, N. & TSIMPLI, I.-M. *The Mind of a Savant*: Language Learning and Modularity. Cambridge: Blackwell, 1995.
25. BERWICK, R.C.; PIETROSKI, P.; YANKAMA, B. & CHOMSKY, N. "Poverty of the Stimulus Revisited". *Cognitive Science*, 35, n. 7, 2011, p. 1.207-1.242.

dem; afinal, não podemos falar de maneira paralela ou simultânea, nem tampouco produzir estruturas assim; podemos apenas produzir sequências lineares de palavras. O sistema sensório-motor não é adaptado especificamente para a linguagem, de maneiras fundamentais: as partes essenciais para a externalização e percepção parecem ter surgido muito antes de a linguagem ter aparecido. Há evidências de que o sistema auditivo de chimpanzés pode ser relativamente bem-adaptado para a fala humana[26], embora os primatas não humanos não possam sequer dar o primeiro passo na aquisição da linguagem, extraindo os dados relevantes para a linguagem da "confusão vibrante" que os rodeia, como os bebês humanos fazem de uma vez, de maneira reflexiva, o que não é uma conquista pequena. Além disso, embora a capacidade de controlar o trato vocal para a fala pareça ser uma propriedade especificamente humana, isso não pode ser considerado tão determinante, visto que a produção da linguagem humana é independente da modalidade, como trabalhos recentes sobre línguas gestuais mostraram – e há pouca razão para duvidar que os macacos tenham as capacidades gestuais adequadas. Evidentemente, propriedades cognitivas muito mais profundas estão envolvidas na aquisição e no *design* da linguagem.

Embora o assunto não esteja resolvido, há evidências consideráveis de que a tese mais ampla pode, de fato, estar correta: o *design* fundamental da linguagem ignora a ordem e outros arranjos externos. Em particular, a interpretação semântica nos casos centrais depende da hierarquia e não da ordem encontrada nas formas externalizadas. Sendo assim, a Propriedade Básica não é, então, exatamente como eu a

---

26. FITCH, W.T. "Speech Perception: A Language-Trained Chimpanzee Weighs". *Current Biology*, 21, n. 14, 2011, p. 543-546.

formulei antes e como também aparece na literatura recente, incluindo aí meus próprios trabalhos. Em vez disso, a Propriedade Básica é a geração de um arranjo ilimitado de expressões estruturadas hierarquicamente mapeadas com a interface conceitual-intencional, fornecendo assim uma espécie de "linguagem do pensamento" (LDP) – possivelmente a única LDP desse tipo, embora surjam aí questões interessantes. Perguntas interessantes e importantes também surgem sobre o *status* e o caráter desse mapeamento, mas eu as deixarei de lado.

Se essa linha de raciocínio estiver essencialmente correta, então há uma boa razão para retornarmos à concepção tradicional de linguagem como um "instrumento do pensamento" e para revisarmos o *dictum* aristotélico; a linguagem não é som com pensamento, mas pensamento com som – de maneira geral, com alguma forma de externalização, tipicamente o som, mas não apenas, já que outras modalidades também estão disponíveis. Trabalhos das gerações passadas sobre línguas gestuais já mostraram semelhanças surpreendentes com as línguas orais, em termos de estrutura, aquisição e representação neural, mesmo que – obviamente – o modo de externalização seja bem diferente.

Também vale ressaltar que a externalização raramente é usada. A maior parte do uso que fazemos da linguagem nunca é externalizada. É um tipo de diálogo interno – e mesmo as limitadas pesquisas sobre o assunto, desde as observações de Lev Vygotsky[27], adaptam-se ao que sugere a introspecção (pelo menos a minha): aquilo que atinge a consciência são fragmentos dispersos. Às vezes, as expressões totalmente formadas aparecem instantaneamente internamente, de maneira

---

27. FERNYHOUGH, C. "The Voices Within: The Power of Talking to Yourself". *New Scientist*, 03/06/2013, p. 32-35.

demasiado rápida para que os articuladores consigam se envolver ou, provavelmente, até mesmo instruções para eles. Esse é um tópico interessante que quase não foi explorado, mas poderia ser um tópico de pesquisa, com muitas ramificações.

A investigação sobre o *design* da linguagem nos dá boas razões para levar a sério uma concepção tradicional da linguagem como sendo essencialmente um instrumento do pensamento. A externalização, então, seria um processo auxiliar, e suas propriedades, um reflexo do sistema sensório-motor, em grande parte – ou mesmo completamente – independente. Outras investigações apoiam essa conclusão. Daí se segue que o processamento é um aspecto periférico da linguagem e que usos específicos da linguagem que dependem da externalização, entre eles a comunicação, são ainda mais periféricos, contrariamente ao dogma virtual que não tem nenhum embasamento sério. Também se segue daí que a massiva especulação sobre a evolução da linguagem que tem aparecido nos últimos anos não está no caminho certo ao focar justamente na comunicação.

É, de fato, um dogma virtual que a função da linguagem seja a comunicação. Uma formulação típica dessa ideia é a seguinte: "É importante, em uma comunidade linguística, que as palavras sejam usadas com o mesmo significado. Se essa condição for satisfeita, facilitará o propósito principal da linguagem, que é a comunicação. Se alguém não usar palavras com o significado que a maioria das pessoas atribui a elas, então não conseguirá se comunicar efetivamente com os outros. Assim, o objetivo principal da linguagem seria frustrado"[28].

---

28. UZGALIS, W. "John Locke". In: ZALTA, E.N. (ed.). *The Stanford Encyclopedia of Philosophy*, 2012 [Disponível em http://plato.stanford.edu/archives/fall2012/entries/locke/].

Para começar, é estranho pensar que a linguagem tenha um propósito. As línguas não são ferramentas que os seres humanos projetam, mas objetos biológicos, como o sistema visual ou imunológico ou digestivo. Às vezes se diz que tais órgãos têm funções para algum *propósito*. Mesmo essa noção, contudo, está longe de ser clara. Pense na coluna vertebral. Qual é sua função? Manter-nos firmes, proteger os nervos, produzir células sanguíneas, armazenar cálcio ou tudo isso? Questões semelhantes aparecem quando nos perguntamos sobre a função e sobre o *design* da linguagem. Aqui, questões evolutivas são frequentemente introduzidas, mas elas estão longe de serem triviais; o mesmo também vale para a coluna vertebral. Para a linguagem, as várias especulações sobre sua evolução frequentemente acabam se voltando para os tipos de sistemas de comunicação encontrados no reino animal, mas isso é apenas um reflexo do dogma moderno – e provavelmente resultará num beco sem saída, por razões que eu já mencionei e para as quais retornarei mais adiante.

Além do mais, mesmo na medida em que a linguagem é usada para comunicação, não há necessidade de que os significados (ou os sons ou as estruturas) sejam compartilhados. A comunicação não é algo do tipo "sim-ou-não"; ela está mais para algo do tipo "mais-ou-menos". Se as semelhanças não são suficientes, a comunicação falha em certo grau, bem como na vida normal.

Mesmo que o termo "comunicação" seja largamente privado de um significado substancial e seja usado como um termo guarda-chuva que cobre interações sociais de vários tipos, a comunicação continua sendo uma parte menor do uso real da linguagem (seja qual for a validade dessa observação).

Em suma, não há base que sustente o dogma padrão, e já há evidências muito significativas de que ele é simplesmente falso. Sem dúvida que a linguagem às vezes é usada para a comunicação, como também o é a maneira de se vestir, as expressões faciais, a postura e muito mais, mas propriedades fundamentais do *design* da linguagem indicam que uma rica tradição está correta em considerar a linguagem como sendo essencialmente um instrumento do pensamento, mesmo que não cheguemos tão longe quanto Humboldt na identificação dos dois.

A conclusão se torna ainda mais solidamente arraigada se considerarmos a Propriedade Básica mais de perto. Naturalmente, buscamos a explicação mais simples a respeito da Propriedade Básica, a teoria com o menor número de estipulações arbitrárias – cada estipulação arbitrária sendo uma barreira para alguma eventual explicação sobre a origem da linguagem. E nos perguntamos até que ponto esse expediente de seguir o método científico padrão nos levará.

A operação computacional mais simples, incorporada de alguma maneira em todos os procedimentos computacionais relevantes, pega os objetos X e Y já construídos para formar um novo objeto Z. Chamemos essa operação de *Merge*. O princípio da Computação Mínima diz que nem X nem Y são modificados por *Merge* e que eles aparecem em Z de maneira não ordenada. Daí temos que *Merge* (X, Y) = {X, Y}. Isso não significa, naturalmente, que o cérebro contém conjuntos, como afirmam algumas interpretações equivocadas; mas, antes, que o que quer que esteja acontecendo no cérebro possui propriedades que podem ser caracterizadas adequadamente nesses termos – da mesma forma como não esperamos encontrar o diagrama de Kekulé para o benzeno dentro de um tubo de ensaio.

Repare que, se a linguagem realmente estiver em conformidade com o princípio da Computação Mínima a esse respeito, temos uma resposta abrangente ao enigma de por que a ordem linear é apenas uma propriedade auxiliar da linguagem, aparentemente não disponível para computações semânticas e sintáticas nucleares: o *design* da linguagem é perfeito nesse sentido (e novamente podemos perguntar o porquê disso). Avançando mais, a evidência começa a se acumular em apoio a essa conclusão.

Suponha que X e Y sofram *Merge* e que nenhum deles faça parte do outro, tal como a combinação entre *ler* e *aquele livro*, que pode formar o objeto sintático correspondente a "ler aquele livro". Chamemos esse caso de *Merge* Externo. Suponha que um elemento seja parte do outro, como na combinação entre Y = *qual livro* e X = *João leu qual livro*, que pode formar *qual livro João leu qual livro*, que se superficializa como "qual livro João leu", graças a outras operações que veremos mais adiante. Esse é um exemplo do fenômeno onipresente de deslocamento nas línguas naturais: sintagmas são ouvidos em um lugar, mas são interpretados tanto nesse lugar como em outro; assim essa frase é, de fato, interpretada como "para qual livro x, João leu o livro x". Nesse caso, o resultado da operação de *Merge* entre X e Y é novamente {X, Y}, mas com duas cópias de Y (= *qual livro*), uma original e outra dentro de X, a outra cópia deslocada que sofreu *Merge* com X. Chamemos esse caso de *Merge* Interno.

É importante evitar um equívoco bastante comum, que também pode ser encontrado na literatura profissional. Não existe nenhuma operação de *Cópia* ou *ReMerge*. O *Merge* interno acontece para gerar duas cópias, mas esse é o resultado de *Merge* sob o princípio da Computação Mínima, que mantém *Merge* na sua forma mais simples, não mexendo em nenhum dos elementos que sofreram *Merge*. Essas novas noções de *Cópia* e *ReMerge* não apenas são supérfluas como também causam dificuldades consideráveis, a menos que sejam muito bem-delimitadas, de modo que sejam aplicadas sob condições altamente específicas de *Merge* Interno, condições essas que são satisfeitas automaticamente se assumirmos a noção mais simples de *Merge*.

Merge Externo e Interno são os dois únicos casos possíveis do *Merge* binário. Ambos vêm de graça se formularmos *Merge* da maneira ótima, de modo que a operação se aplique a dois objetos sintáticos quaisquer que já estejam construídos, sem condições adicionais. Negar algum desses dois casos de *Merge* ou complicá-los exigiria estipulação adicional. E esse é um fato importante. Durante muitos anos, acreditou-se que o deslocamento fosse uma espécie de "imperfeição" da linguagem, uma propriedade estranha que deveria ser explicada por alguns dispositivos e pressupostos mais complexos acerca da GU – eu mesmo pensava assim. Entretanto, isso se revelou incorreto. A propriedade de deslocamento das línguas naturais é justamente o que devemos esperar, uma vez que aceitamos os pressupostos mais simples. Seria uma imperfeição se essa propriedade estivesse faltando. Às vezes, sugere-se que o *Merge* Externo seja, de alguma forma, mais simples e, por isso, deveria ter prioridade no que diz respeito ao *design* ou à evolução da linguagem. Mas não há qualquer base para essa crença. Pelo contrário, alguém poderia argumentar que o *Merge* Interno é a operação mais simples, uma vez que envolve uma busca muito menor do espaço de trabalho para a computação – não que isso seja muito importante, de qualquer maneira.

Outro fato importante é que o *Merge* Interno, em sua forma mais simples (satisfazendo o princípio mais geral da Computação Mínima), geralmente produz a estrutura apropriada para a interpretação semântica, como mostramos há pouco no caso de "qual livro João leu". No entanto, essas estruturas não estão corretamente ajustadas para o sistema sensório-motor: de maneira universal nas línguas, apenas a cópia estruturalmente mais proeminente é pronunciada;

nesse caso, a cópia mais baixa é apagada. Há uma série de exceções reveladoras que, de fato, apoiam a tese geral, mas deixarei isso de lado[29].

O apagamento de cópias se segue de outra aplicação não controversa da Computação Mínima: "compute e articule o mínimo possível". O resultado é que as sentenças articuladas contêm *lacunas*. O ouvinte tem de descobrir onde está o elemento faltante. Isso traz, como já sabemos muito bem a partir de estudos de percepção e de *parsing*, problemas difíceis para o processamento de linguagem, denominados problemas da lacuna preenchida (*filler-gap problems*). Nessa ampla variedade de casos, o *design* da linguagem também favorece a Computação Mínima, apesar das complicações no processamento e no uso da linguagem.

Repare que qualquer teoria linguística que substitua *Merge* Interno por algum outro mecanismo enfrenta um desafio duplo, porque será necessário justificar a estipulação que exclui o *Merge* Interno, além dos novos mecanismos destinados a explicar o deslocamento – na verdade, o deslocamento com cópias, geralmente as formas corretas para a interpretação semântica.

As mesmas conclusões são válidas em casos mais complexos. Considere, por exemplo, a frase "[de quais de seus quadros] eles convenceram o museu que [[cada pintor] gosta mais]?" Ela é derivada por *Merge* Interno a partir da estrutura subjacente "[de quais de seus quadros] eles convenceram o museu que [[cada pintor] gosta [de quais de seus quadros] mais]?", formada diretamente por *Merge* Interno,

---

[29]. TRINH, T. "A Constraint on Copy Deletion". *Theoretical Linguistics*, 35, n. 2-3, 2009, p. 183-227. Deixarei de lado aqui vários tópicos que levantam uma variedade de questões adicionais, entre elas "operações encobertas", em que somente a primeira cópia que sofreu *Merge* é externalizada.

com deslocamento e duas cópias. O sintagma pronunciado "de quais de seus quadros" é interpretado como o objeto de "gosta", na posição da lacuna, de maneira análoga a "de um de seus quadros" em "eles convenceram o museu que [[cada pintor] gosta mais [de um de seus quadros]]". E é essa justamente a interpretação que a estrutura subjacente com as duas cópias fornece.

Além disso, a relação entre quantificador e variável que existe entre *cada* e *seus* permanece em "[quais de seus quadros] eles convenceram o museu que [[cada pintor] gosta mais]?" A resposta pode ser "seu primeiro" – sendo cada quadro diferente para cada pintor, algo como "eles convenceram o museu que [[cada pintor] gosta [de um de seus quadros]] mais". Em contrapartida, tal resposta não é possível para a expressão de estrutura semelhante "[quais de seus quadros] convenceu o museu que [[cada pintor] gosta de flores]?" Nesse caso, "seus quadros" não recai sob o escopo de "cada pintor". Evidentemente, é a cópia pronunciada que fornece a estrutura exigida para a ligação entre quantificador e variável, assim como para a interpretação entre verbo e objeto. Os resultados, mais uma vez, seguem diretamente a partir de *Merge* Interno e do apagamento de cópias quando da externalização. Existem muitos outros casos semelhantes – juntamente com problemas interessantes à medida que a complexidade se intensifica.

Assim como nos casos mais simples (como "instintivamente, as águias que voam nadam"), é inconcebível que alguma forma de processamento de dados produza esses resultados. Os dados relevantes não estão disponíveis para o aprendiz em fase de aquisição de linguagem. Os resultados devem, portanto, derivar "da mão original da natureza", como afirmou Hume – ou seja, em nossos termos, devem derivar da dotação genética, especificamente da arquitetura da linguagem tal como determinada pela GU em interação com princípios gerais, tais como o princípio de Computação Mínima. Assim podemos obter conclusões bastante abrangentes e sólidas sobre a natureza da GU.

Costumamos ler certas afirmações de que a GU foi refutada ou nem sequer existe. Mas isso é um mal-entendido. Negar a existência da GU – ou seja, de uma dotação biológica que subjaz a capacidade para a linguagem – seria sustentar que é um milagre o fato de os seres humanos possuírem linguagem enquanto outros organismos não. A referência nessas afirmações não é à GU presumivelmente; em vez disso, a generalizações descritivas – como as importantes propostas de Joseph Greenberg sobre os universais de linguagem, por exemplo. Em uma introdução à nova edição do livro *Word and Object*[30], de Quine, por exemplo, Patricia Churchland, com uma citação irrelevante, escreveu que "os universais linguísticos, por muito tempo os queridinhos dos teóricos, tomaram uma surra um a um, à medida que foram caindo quando confrontados com dados encontrados por linguistas de campo". Provavelmente, ela considera isso como uma confirmação da visão de Quine de que "reflexões oportunas sobre método e evidência devem tender a sufocar grande parte da conversa sobre os universais linguísticos", considerados como generalizações sobre a linguagem. Na realidade, foram os linguistas de campo que descobriram e confirmaram não apenas as generalizações geralmente válidas e muito importantes, mas também as propriedades invariantes da GU. O termo "linguistas de campo" significa "linguistas preocupados com dados", quer trabalhem na selva amazônica ou em seus escritórios em Belém ou Nova York.

---

30. CHURCHLAND, P.S. "Prefácio". In: QUINE, W.V.O. *Word and Object* [1960]. Cambridge, Mass.: MIT, 2013, p. xiii.

O fragmento de verdade contido em tais observações é que as generalizações são propensas a terem exceções, algo que pode servir de maneira valiosa como um estímulo à investigação – por exemplo, as exceções à exclusão de cópias, que acabei de mencionar. Essa é uma experiência comum nas ciências. A descoberta de perturbações na órbita de Urano não levou ao abandono dos princípios de Newton ou das leis de Kepler, nem a uma conclusão mais geral do tipo "não existem leis físicas no universo". Antes, ela levou à postulação – e à posterior descoberta – de um outro planeta, Netuno. As exceções a generalizações descritivas amplamente válidas desempenham, em geral, um papel similar nas ciências e no estudo da linguagem, como tem acontecido repetidamente.

Há, então, evidências persuasivas e bastante abrangentes de que, se a linguagem tem um *design* ótimo, ela fornecerá estruturas apropriadas para a interpretação semântica, mas tais estruturas produzirão dificuldades para a percepção e para o processamento da linguagem (e, portanto, para a comunicação). Existem muitos outros exemplos. Considere, digamos, a passivização. Alguns argumentam que a passivização sustenta a crença de que a linguagem é bem-projetada para a comunicação. Assim, na frase "os meninos pegaram os livros", se quisermos colocar "os livros" em primeiro plano, a transformação passiva nos permite fazê-lo dizendo "os livros foram pegos pelos meninos". Na verdade, a conclusão é justamente o contrário disso. O *design* da linguagem, seguindo Computação Mínima, habitualmente barra essa opção. Suponha que na frase "os meninos pegaram os livros da biblioteca" desejamos colocar em primeiro plano "a biblioteca", produzindo "a biblioteca foi pega os livros pelos meninos". Isso é barrado pelo *design* da linguagem, mais uma barreira à comunicação.

Os casos interessantes são aqueles em que há um conflito direto entre a eficiência computacional e a eficiência comunicativa. Em todos os casos conhecidos, a eficiência computacional prevalece, ao passo que a facilidade de comunicação é sacrificada. Muitos desses casos são familiares, entre eles, as ambiguidades estruturais e as sentenças *garden path*, tal como a manchete "Mãe suspeita de assassinato do filho foge", que é interpretada como agramatical à primeira vista. Outro caso particularmente interessante é o das *ilhas* – construções em que a extração (o *Merge* Interno) é barrada – na medida em que podem ser explicadas levando em conta a eficiência computacional. Um exemplo são as perguntas associadas à expressão "eles perguntaram se os mecânicos consertaram os carros". Podemos perguntar "quantos carros", produzindo "quantos carros eles perguntaram se os mecânicos consertaram?" Ou podemos perguntar "quantos mecânicos", produzindo "quantos mecânicos eles perguntaram se consertaram os carros?" As duas interrogações diferem crucialmente em seu *status*: perguntar "quantos mecânicos" é Ok como um pensamento, mas deve ser expresso por alguma circunlocução, novamente impedindo a comunicação; tecnicamente uma violação do princípio da categoria vazia. Aqui também parece haver alguns contraexemplos, em italiano, por exemplo. O reconhecimento de tais contraexemplos levou Luigi Rizzi a descobertas sobre a natureza das línguas de sujeito nulo[31], reforçando o princípio da categoria vazia, ilustrando mais uma vez o valor das generalizações propostas e das aparentes exceções.

Existem muitos casos semelhantes. Na medida em que são compreendidas, as estruturas resultam do livre funcionamento das regras mais simples possíveis, gerando dificulda-

---

31. RIZZI, L. *Issues in Italian Syntax*. Dordrecht: Foris, 1982.

des para a percepção e para o processamento da linguagem. Novamente, nos casos em que a facilidade de processamento e a eficiência da comunicação entram em conflito com a eficiência computacional no *design* da linguagem, os primeiros são sacrificados em prol da eficiência computacional. Isso sustenta ainda mais a ideia de a linguagem ser um instrumento de pensamento, perfeitamente projetada. A externalização é um processo auxiliar, tal como a comunicação *a fortiori* e outros usos que envolvem a externalização. Como frequentemente acontece, aquilo que é realmente observado acaba fornecendo uma imagem bastante enganadora dos verdadeiros princípios subjacentes. A arte essencial da ciência é a redução de "visíveis complexos a invisíveis simples", como disse Jean Baptiste Perrin, ganhador do Prêmio Nobel de Química.

Para mostrar mais claramente o que está em jogo, vamos inverter o argumento esboçado aqui, explicando-o de uma maneira mais fundamentada. Comecemos com a Propriedade Básica da Linguagem e perguntemos qual seria o sistema computacional ideal que capturasse essa noção, adotando o método científico normal. A resposta é *Merge*, em sua forma mais simples, com suas duas variantes, *Merge* Interno e *Merge* Externo – esta última operação produzindo a "teoria de cópias para o movimento". Em uma ampla e importante gama de casos, isso produz formas apropriadas para a interpretação semântica na interface conceitual-intencional, formas que não apresentam um ordenamento fixo ou outros arranjos. Um processo auxiliar de externalização converte, então, os objetos gerados internamente em uma forma adaptada ao sistema sensório-motor, com arranjos que variam dependendo da modalidade sensorial de externalização. A externalização também está sujeita ao princípio da Computação Mínima, de modo que as cópias são apagadas, acarretando dificuldades para o uso e para o processamento da linguagem (incluindo aí a comunicação). Uma consequência dessas suposições ideais é que as regras são invariavelmente dependentes da estrutura, resolvendo as questões que abordamos anteriormente, tal como outras questões de mesma natureza.

Um projeto de pesquisa mais amplo, chamado nos últimos anos de *Programa Minimalista*, começa com essa suposição ideal – a chamada *Tese Minimalista Forte*, TMF – e pergunta até que ponto ela pode ser mantida tendo em vista a variedade e as complexidades observadas nas línguas do mundo. Onde uma lacuna é encontrada, a tarefa é verificar se os dados podem ser reinterpretados, ou se os princípios de computação ótima podem ser revistos, para que os quebra-cabeças encontrados possam ser solucionados dentro do modelo da TMF, dando, dessa forma, algum suporte (em um domínio interessante e inesperado) para o preceito de Galileu de que a natureza é simples, e é tarefa do cientista provar isso. A tarefa é, obviamente, desafiadora. Mas é justo dizer, eu acredito, que hoje ela parece muito mais realista do que há alguns anos, embora alguns problemas enormes ainda persistam.

Tudo isso levanta de imediato uma outra questão: Por que a linguagem deveria ter um *design* ótimo, supondo que a TMF se sustente? Essa questão nos leva a considerar a origem da linguagem. A hipótese da TMF se encaixa bem com as evidências muito limitadas que temos sobre o surgimento da linguagem, um acontecimento aparentemente muito recente e súbito na escala de tempo evolutiva, como Tattersall discutiu. Um bom palpite hoje – que abre ricas vias de pesquisa e investigação – é que alguma leve reconexão no cérebro ocasionou *Merge*, em sua forma mais simples naturalmente, proporcionando a base para o pensamento ilimitado e criativo, o "grande salto" evolutivo que aparece revelado nos registros arqueológicos e nas diferenças notáveis que separam os humanos modernos de seus antecessores e também do restante do reino animal. Sendo assim, teríamos uma resposta às perguntas sobre o aparente *design* ideal da linguagem: é o que seria esperado dentro das circunstâncias postuladas, sem pressões seletivas, de modo que o sistema emergente deve seguir apenas as leis da natureza – nesse caso, os princípios da Computação Mínima, ao invés da maneira como um floco de neve se forma.

Essas observações apenas arranham a superfície do problema. Talvez elas possam servir para ilustrar por que a resposta à pergunta "O que é a linguagem?" é muito importante e também para ilustrar como a atenção a essa questão fundamental pode produzir conclusões com muitas ramificações para estudar que tipo de criatura nós somos.

2 | O QUE PODEMOS COMPREENDER?

No capítulo 1, eu discuti a questão "O que é linguagem?" e considerei o que podemos aprender sobre o tipo de criaturas que somos a partir de uma investigação minuciosa sobre essa distinta propriedade humana. Em boa medida, acredito, tentei sugerir e exemplificar. Neste capítulo, gostaria de passar para questões envolvendo nossas capacidades cognitivas de modo mais geral; especificamente, falarei sobre como elas entram no escopo e nos limites de nossa compreensão.

Existe um conceito chamado "o novo misterianismo", cunhado por Owen Flanagan, que o definiu como "uma posição pós-moderna projetada para fincar uma estaca no coração do cientificismo", argumentando que a consciência pode nunca vir a ser completamente explicada[32]. O termo foi estendido a questões mais amplas sobre o escopo e sobre a natureza das explicações acessíveis à inteligência humana. Eu vou usar o termo no sentido mais amplo, que me parece o mais significativo.

Eu sou frequentemente citado como um dos responsáveis por essa estranha heresia pós-moderna, embora eu prefira usar um nome diferente: truísmo. Isso é o que eu pensava

---

32. FLANAGAN, O. *The Science of the Mind*. 2. ed. Cambridge, Mass.: MIT, 1991, p. 313. Cf. tb. *New Mysterianism* [Disponível em http://en.wikipedia.org/wiki/New_Mysterianism].

quarenta anos atrás, quando propus uma distinção entre *problemas*, que recaem sob o escopo de nossas capacidades cognitivas, e *mistérios*, que não são apreensíveis por nossas capacidades cognitivas[33]. Usando termos que eu peguei emprestado do conceito de abdução de Charles Sanders Peirce, a mente humana é um sistema biológico que fornece um conjunto limitado de "hipóteses admissíveis" que são os alicerces da investigação científica e, pelo mesmo raciocínio, das realizações cognitivas de maneira geral. Como uma questão de simples lógica, o sistema deve excluir outras hipóteses e ideias inacessíveis para nós, ou muito distantes em alguma hierarquia de acessibilidade, para serem acessíveis de fato, embora possam ser acessíveis para uma mente que seja estruturada de forma diferente – talvez não na visão de Peirce. A GU desempenha papel semelhante para a linguagem, e a observação básica vale para todas as capacidades biológicas.

O conceito de abdução de Peirce às vezes é entendido como uma inferência para a melhor explicação; no entanto, apesar de não ser desenvolvido, o conceito vai muito além disso. Peirce insistiu em *limites* para "hipóteses admissíveis", que ele considerava muito restritas, um pré-requisito para "imaginar as teorias corretas". Ele estava preocupado com o crescimento do conhecimento científico, mas o mesmo vale para a aquisição do entendimento de senso comum (e para a aquisição de linguagem em particular[34]).

---

33. CHOMSKY, N. "Problems and Mysteries in the Study of Human Language". In: KASHER, A. (ed.). *Language in Focus: Foundations, Methods and Systems* – Essays in Memory of Yehoshua Bar-Hillel. Boston: Reidel, 1976, p. 281-358. Uma versão estendida está em CHOMSKY, N. *Reflections on Language*. Nova York: Pantheon, 1975, cap. 4. [Ed. bras.: *Reflexões sobre a linguagem*. São Paulo: Cultrix, 1980 [Trad. Carlos Vogt et al.]].

34. CHOMSKY, N. *Language and Mind*. Nova York: Harcourt, Brace & World, 1968, p. 78-79 [Ed. bras.: *Linguagem e mente*. São Paulo: Unesp, 2009 [Trad. Roberto L. Ferreira]].

Poderíamos esperar que isso fosse verdadeiro mesmo nas questões que conseguimos formular; a estrutura inata fornece uma rica variedade de perguntas formuláveis, ao mesmo tempo em que barra tantas outras, que algumas mentes diferentes podem reconhecer como sendo as questões certas a serem formuladas. Também citei as ideias um tanto semelhantes de Hume, que reconheceu essa limitação como apenas para as "feras", assim a "maior parte do conhecimento humano" depende de "uma espécie de instinto natural", que "deriva da mão original da natureza" – ou, em nossos termos, *dotação genética*. E as mesmas conclusões seguem.

Tudo isso me parece muito próximo ao truísmo, talvez por razões que levaram muitas figuras conhecidas a conclusões semelhantes. Se somos organismos biológicos (e não anjos), então nossas faculdades cognitivas são semelhantes àquelas chamadas de "capacidades físicas" e devem ser estudadas tal como os outros sistemas do corpo o são.

Considere, por exemplo, o sistema digestivo. Os vertebrados têm "um segundo cérebro", o "cérebro intestinal", o sistema nervoso entérico, "um local independente de integração e processamento neural". Sua estrutura e suas células componentes são "mais parecidas com as do cérebro do que com as de qualquer outro órgão periférico". Há mais células nervosas no intestino do que na espinha dorsal; na realidade mais "do que em todo o restante de nosso sistema nervoso periférico" (são 100 milhões apenas no intestino delgado). O cérebro intestinal também é um "vasto depósito químico dentro do qual está representada cada uma das classes de neurotransmissores encontrados no cérebro", com uma comunicação interna que é "rica e parecida com a do cérebro em termos de complexidade". O intestino é "o único órgão que contém um sistema nervoso intrínseco que é capaz de mediar reflexos na completa ausência de estímulo do cérebro ou da medula espinhal". "O cérebro no intestino evoluiu no mesmo ritmo do cérebro na cabeça". Ele se tornou "um centro de processamento de dados moderno e vibrante que nos permite realizar algumas tarefas muito importantes e desagradáveis sem nenhum esforço mental", e, quando temos sorte, ele faz isso "de maneira eficiente e inconsciente". É possível que ele "também possa ter suas próprias psiconeuroses", e alguns pesquisadores afirmam que ele é suscetível a algumas doenças do cérebro, como Alzheimer, Parkinson e autismo. Ele tem seus próprios transdutores sensoriais e aparatos reguladores, que o deixam equipado para lidar com tarefas específicas impostas pelos órgãos com os quais interage[35].

De maneira incontroversa, "a mão original da natureza" determina o que o cérebro intestinal pode fazer e o que ele não pode fazer – os "problemas" que ele pode solucionar e os "mistérios" que estão além de seu alcance. De maneira incontroversa, escopo e limites estão relacionados: as propriedades estruturais que fornecem escopo também estabelecem limites. No caso do cérebro intestinal não há nenhum debate sobre alguma obscura "hipótese inatista" – que é frequentemente condenada no caso da linguagem, mas nunca defendida, porque não existe tal hipótese, além de várias ideias sobre o que é o componente genético. Não há queixas de que, após todos esses anos, o componente genético do cérebro intestinal não seja totalmente compreendido. O estudo do cérebro intestinal é internalista. Não há nenhuma crítica filosófica baseada no fato de que o que acontece no sistema digestivo depende crucialmente de coisas externas

---

35. GERSHON, M.D. *The Second Brain:* The Scientific Basis of Gut Instinct and a Groundbreaking New Understanding of Nervous Disorders of the Stomach and Intestine. Nova York: HarperCollins, 1998 [Ed. bras.: *O segundo cérebro*. Rio de Janeiro: Campus, 2000 [Trad. Ana B. Rodrigues]].

a ele, presentes em outras partes do organismo ou mesmo fora da pele. Estuda-se a natureza do sistema interno (e suas interações externas) sem dilemas filosóficos.

Considerações desse tipo são tidas como grandes dilemas quando se trata do estudo do primeiro cérebro e de suas capacidades, em especial no estudo da linguagem humana. Isso me parece um exemplo de uma curiosa tendência em tratar os aspectos mentais do organismo humano de maneira diferente dos chamados "aspectos físicos"; um tipo de dualismo metodológico mais pernicioso do que o dualismo metafísico cartesiano. Este era uma hipótese científica respeitável, que se provou errada quando Newton acabou com a filosofia mecanicista da ciência moderna primitiva ao demonstrar que uma das substâncias cartesianas – o corpo – não existe, eliminando assim o problema mente-corpo (pelo menos em sua forma cartesiana) e deixando em aberto a questão sobre o que de "físico" ou de "material" deveria existir[36]. O dualismo metodológico, ao contrário, parece não ter nada que o sustente. Se o abandonarmos, ficará difícil de ver por que o primeiro cérebro, em particular seus aspectos cognitivos, devem ser estudados de maneira fundamentalmente distinta daquela empregada para investigar o cérebro intestinal, ou mesmo qualquer outro componente do corpo humano. Assim sendo, o misterianismo vira apenas uma variação do truísmo, juntamente com o internalismo – contrariamente a opiniões amplamente aceitas.

Por diferentes e variadas razões, muitas figuras distintas têm sido culpadas por aceitarem o truísmo do misterianismo. Creio que podemos incluir nessa lista Bertrand Russell, quando, noventa anos atrás, adotou a visão humeana de que

---

36. Para mais sobre esse tema e algumas outras questões discutidas posteriormente, cf. cap. 4.

"o mais alto grau [de certeza] pertence a minhas próprias percepções". Podemos então pensar nas construções da mente como esforços para fazer sentido daquilo que percebemos, sejam as reflexivas construções do entendimento de senso comum, sejam os esforços mais considerados e disciplinados das ciências – que nos mostram que aquilo que é "dado" na percepção é um constructo de dados externos e da estrutura mental, assuntos discutidos de maneira interessante por C.I. Lewis um tempo depois[37].

Como Hume colocou a questão, devemos nos ater à "filosofia newtoniana", com um "ceticismo modesto em certa medida e uma confissão justa de ignorância em assuntos que excedem a capacidade humana" – o que, para Hume, inclui virtualmente tudo além das aparências. Devemos "abster-nos de discutir sobre sua verdadeira natureza e operações". É a imaginação, "uma espécie de faculdade mágica da alma, que [...] é inexplicável pelos maiores esforços do entendimento humano", o que nos leva a acreditar que experimentamos objetos externos contínuos, incluindo a mente ou o ego[38]. Contrariamente ao Dr. Johnson, a G.E. Moore e a outras figuras estimáveis, creio que seu raciocínio me parece merecer respeito.

Em um estudo cuidadoso e informativo do apêndice de Hume publicado em seu *Tratado da natureza humana*, Galen Strawson argumenta – de modo convincente, na minha opinião – que Hume finalmente percebeu que as dificuldades que ele enfrenta são muito mais profundas. "É evidente",

---

37. RUSSELL, B. *The Analysis of Matter*. Nova York: Harcourt/Brace, 1927, cap. 37 [Ed. bras.: *A análise da matéria*. Rio de Janeiro: Zahar, 1978 [Trad. Nathanael C. Caixeiro]]. • LEWIS, C.I. *Mind and the World-Order*: Outline of a Theory of Knowledge. Nova York: Scribner, 1929.

38. STRAWSON, G. *The Evident Connexion*: Hume on Personal Identity. Oxford: Oxford University Press, 2011, p. 56.

Hume concluiu, "que existe um princípio de conexão entre os diferentes pensamentos e ideias na mente", uma conexão real, não uma forjada pela imaginação. Mas não há lugar para tal entidade realmente existente em sua filosofia/psicologia; por isso, no fim das contas, suas "esperanças desapareceram". Seus princípios fundamentais entraram em colapso, irrecuperavelmente. Um dos momentos mais pungentes da história da filosofia[39].

Para Russell, a física pode apenas esperar descobrir "o esqueleto causal do mundo, [enquanto estuda] a percepção apenas em seu aspecto cognitivo; seus outros aspectos estão fora de sua competência" – embora reconheçamos sua existência, no mais alto grau de certeza, conseguindo ou não encontrar explicações satisfatórias em nossos esforços científicos.

Tudo isso parece ser um misterianismo conscencioso, talvez modificando-o ao deixar a consciência ficar no mais alto grau de certeza, ao passo que todo o resto são problemas, sendo, em parte, talvez, "mistérios para humanos". Isso incluiria os dilemas considerados como "problemas difíceis" nos primórdios da ciência e da filosofia modernas, nos séculos XVII e XVIII. O mais problemático dos "problemas difíceis" naquela época tinha a ver com a natureza do movimento, da atração e da repulsão. Os "problemas difíceis" nunca foram resolvidos; pelo contrário, eles foram abandonados e considerados "mistérios permanentes" (ou, pelo menos, "mistérios para humanos") por observadores mais perceptivos, tais como Locke e Hume.

Isso foi bem entendido na época. Locke escreveu que, enquanto permanecemos na "ignorância incurável do que desejamos saber" sobre a matéria e seus efeitos, e nenhuma

---

39. Ibid., parte 3.

"ciência dos corpos [que forneça explicações verdadeiras está] ao nosso alcance", ele foi "convencido pelo judicioso e incomparável livro do Sr. Newton, que constitui presunção demasiadamente ousada querer limitar o poder de Deus, quanto a isso, a partir de minhas restritas concepções". Embora a gravitação de matéria para matéria seja "inconcebível para mim", no entanto, como Newton demonstrou, devemos reconhecer que está no poder de Deus "atribuir aos corpos poderes e modos de operação que estejam acima daquilo que sejamos capazes de derivar de nossa ideia de corpo, ou que se possa explicar por aquilo que conhecemos da matéria". E graças ao trabalho de Newton, nós sabemos que "ele fez isso"[40].

Dados esses truísmos misterianistas, o que para mim é inconcebível é que não exista um critério para o que pode existir. Deixando a teologia de lado, podemos reformular os pensamentos de Locke da seguinte maneira: o mundo natural tem propriedades que são "mistérios para os humanos".

Newton não discordou. Em sua busca constante por alguma maneira de evitar a conclusão "absurda" de que objetos interagem a distância, ele especulou que Deus, que está em todas as partes, poderia ser esse "agente imaterial" por trás das interações gravitacionais. Mas ele não poderia ir mais longe, já que ele se recusou a "forjar hipóteses" para além do que pode ser experimentalmente esclarecido. Newton concordou com seu mais eminente crítico, Leibniz: a interação sem contato é "inconcebível", embora ele não tenha concordado que se tratava de uma "propriedade oculta irracional",

---

40. LOCKE, J. "Mr. Locke's Reply to the Bishop of Worcester's [Edward Stillingfleet] Answer to his Second Letter". In: *The Works of John Locke in Nine Volumes*. 12. ed. Londres: Rivington, 1824, vol. 3, p. 191 [Disponível em http://oll.libertyfund.org/titles/1724] [Discutido em JANIAK, A. *Newton as Philosopher*. Cambridge: Cambridge University Press, 2008, p. 121.

como disse Leibniz[41]. Newton afirmava que seus princípios não eram ocultos: "suas *causas* estão apenas ocultas". Essas causas poderiam, ele esperava, ser explicadas em termos físicos, em termos de filosofia mecanicista ou algo parecido. Na ausência disso, Newton argumentava que deduzir princípios gerais indutivamente a partir dos fenômenos e "nos dizer como as propriedades das ações de todas as coisas corpóreas decorrem desses princípios manifestos seria um grande passo para a filosofia, embora as causas desses princípios ainda não tenham sido descobertas".

Em seu penetrante estudo sobre Newton como filósofo, Andrew Janiak argumenta que Newton tinha motivos independentes para rejeitar a interação sem contato. "O entendimento [de Newton] a respeito do lugar de Deus no mundo físico", observa Janiak, "forma um modelo metafísico para seu pensamento, precisamente no sentido de que ele não está sujeito a revisão por meio da reflexão sobre a experiência ou por meio do desenvolvimento da ciência física". E "se a ação divina distante é possível", produzindo ação a distância, "então a onipotência de Deus não precisa ser explicada como Newton sempre a explica, em termos de onipresença divina".

Mais tarde, os newtonianos rejeitaram a metafísica, aceitando, portanto, a ação a distância nas elaborações teóricas, ao mesmo tempo em que desconsideraram a "inconceptibilidade" das conclusões sobre o mundo que incomodavam os contemporâneos de Newton e o próprio Newton.

Dessa forma, os objetivos da investigação científica ficaram implicitamente restritos: do tipo de concepção que era um critério para a verdadeira compreensão no início da ciência moderna para algo muito mais estreito: a inteligibilidade

---

41. JANIAK, A. *Newton as Philosopher*. Op. cit., p. 9-10, 39.

das teorias sobre o mundo. Isso me parece um passo de considerável significado na história do pensamento e da investigação humana, mais do que geralmente se reconhece. Isso se relaciona diretamente com o escopo do misterianismo em sentido amplo.

Locke foi mais adiante e concluiu que, assim como Deus acrescentou à matéria tais propriedades inconcebíveis como a atração gravitacional, ele também poderia ter "superadicionado" à matéria a capacidade de pensamento. Se substituirmos "Deus" por "natureza" podemos transformar esse tópico em objeto de investigação, um caminho que foi muito seguido nos anos seguintes, levando à conclusão de que o pensamento é uma propriedade de certas formas de matéria organizada[42]. Como Darwin reafirmou, não há necessidade de considerar o pensamento ("uma secreção do cérebro") como algo "mais maravilhoso do que a gravidade, uma propriedade da matéria"[43] – algo inconcebível para nós, mas um fato não sobre o mundo externo, mas sobre nossas limitações cognitivas.

Alguns dos primeiros entendimentos modernos sobre esses assuntos foram redescobertos nos últimos anos, às vezes com uma sensação de espanto, tal como quando Frances Crick formulou sua "surpreendente hipótese" de que nossos estados mentais e emocionais são, "na verdade, nada além do que o comportamento de uma vasta composição de células

---

42. Sobre a "sugestão de Locke" e seu desenvolvimento ao longo do século XVIII, culminando no importante trabalho de Priestley, cf. YOLTON, J.W. *Thinking Matter:* Materialism in Eighteenth-Century Britain. Mineápolis: University of Minnesota Press, 1983. Cf. tb. discussões adicionais no cap. 4.

43. DARWIN, C. "Notebook C166" [1838]. In: BARRETT, P.H. et al. (eds.). *Charles Darwin's Notebooks, 1836-1844:* Geology, Transmutation of Species, Metaphysical Enquiries. Cambridge: Cambridge University Press, 1987, p. 291 [Disponível em http://darwin-online.org.uk/content/frameset?viewtype=image&itemID=CUL-DAR122.-&keywords=brain+the+of+secretion&pageseq=148].

nervosas e de suas respectivas moléculas". Na literatura filosófica, essa redescoberta tem sido por vezes vista como uma nova ideia radical no estudo da mente. Como Paul Churchland coloca, citando John Searle, a nova ideia é "a afirmação ousada de que os fenômenos mentais são inteiramente naturais e causados pelas atividades neurofisiológicas do cérebro". Essas propostas reiteram, praticamente nas mesmas palavras, formulações já feitas séculos atrás, depois que o tradicional problema mente-corpo se tornou "não formulável", com a destruição de Newton da única noção coerente de corpo (físico, material etc.): por exemplo, a conclusão de Joseph Priestley de que propriedades "denominadas mentais" se reduzem à "estrutura orgânica do cérebro", expressa de maneira um pouco diferente por Locke, Darwin, e muitos outros, é quase inescapável, me parece, após o colapso da filosofia mecanicista que forneceu as bases para o começo da ciência moderna[44].

A última década do século XX foi chamada de "a Década do Cérebro". Ao apresentar uma coleção de artigos revisando os resultados dessa década, o neurocientista Vernon Mountcastle formulou o tema norteador como a tese da nova biologia de que "as coisas mentais, as mentes, são propriedades emergentes do cérebro, [embora] seus surgimentos sejam [...] produzidos por princípios que [...] nós ainda não compreendemos" – o que reitera, mais uma vez, as ideias do século XVIII, praticamente com as mesmas palavras[45].

---

44. CHURCHLAND, P. "Betty Crocker's Theory" [Revista em SEARLE, J.R. "The Rediscovery of the Mind". In: *London Review of Books*, 12/05/1994, p. 13-14. Churchland associa as teorias de Searle com Descartes de formas não inteiramente claras, em parte devido a uma má interpretação da filosofia mecanicista e seu destino. Sobre Priestley e outros, cf. YOLTON, J.W. *Thinking Matter...* [Op. cit.] e o cap. 4.

45. MOUNTCASTLE, V.B. Brain Science at the Century's Ebb. In: "The Brain". *Daedalus*, 127, n. 2, 1998, p. 1 [num. esp.].

O trecho "nós *ainda* não compreendemos", contudo, deve ser lido com cautela. Devemos nos lembrar da observação de Bertrand Russell, em 1927, de que as leis químicas "não podem, no momento, ser reduzidas a leis físicas", um fato que levou cientistas eminentes a considerarem a química como um mero modo de computação que pudesse prever resultados experimentais – e não uma ciência de fato. Como logo se descobriu, a observação de Russell, embora correta, foi subestimada. As leis químicas não eram, de fato, redutíveis às leis físicas, tal *como a física era então compreendida*. Depois que a física passou por mudanças radicais, com a revolução da teoria quântica, ela pôde ser unificada com a química – que permaneceu praticamente inalterada.

Pode haver lições aqui para neurociência e para a filosofia da mente. A neurociência contemporânea não está tão bem-estabelecida quanto a física estava há um século. Na verdade, há o que me parece ser uma crítica convincente sobre suas suposições fundamentais[46]. O *slogan* comum que diz que o estudo da mente é a *neurociência* em um nível abstrato pode acabar sendo tão equivocado quanto declarações desse tipo sobre a química que víamos há noventa anos – isso se tivermos em mente a neurociência de hoje.

Repare que as questões que surgem sobre esse assunto não são sobre entender a mente como se fosse o cérebro visto a partir de um certo nível de abstração. Thomas Nagel, em trabalho recente (considerado um tanto controverso), afirma que "a mente, eu suspeito, não é um acidente inexplicável ou um presente divino e anômalo, mas um aspecto básico da natureza que não iremos compreender até que transcendamos os limites inerentes à ortodoxia científica

---

46. GALLISTEL, C.R. & KING, A.P. *Memory and the Computational Brain*: Why Cognitive Science Will Transform Neuroscience. Malden, Mass.: Wiley-Blackwell, 2009.

moderna"⁴⁷. Se isso for verdade, não seria um grande desvio da história da ciência, embora sua invocação de "incredulidade" e "senso comum" deva, penso eu, seguir o caminho de preocupações semelhantes que foram abandonadas no final do século XVII, à medida que a importância das descobertas de Newton foi assimilada e os objetivos da investigação científica restringidos de forma implícita e significativa, conforme discutido anteriormente.

À luz dessas descobertas e suas implicações, Hume escreveu que a maior conquista de Newton foi "retirar o véu de alguns dos mistérios da natureza", ao mesmo tempo em que "colocou os segredos definitivos [da natureza] de volta naquela obscuridade, onde eles sempre estiveram e onde permanecerão para sempre"⁴⁸ – pelo menos para os humanos. Tudo isso é uma forma de misterianismo dedicado, por razões substanciais.

Quanto à consciência, ela entrou no discurso filosófico moderno mais ou menos nesse mesmo período. Em seu recente e abrangente estudo sobre esse tipo de tópico, Udo Thiel descobriu que o primeiro filósofo inglês a fazer amplo uso do substantivo "consciência", com um significado filosófico, foi Ralph Cudworth, na década de 1670, embora apenas cinquenta anos depois a consciência tenha se tornado um objeto de investigação propriamente dito⁴⁹. Subsequentemente, a consciência foi identificada com o pensamento, tal como Descartes já havia feito. E, para alguns, como para Von Humboldt, o pensamento foi depois identificado com

---

47. NAGEL, T. *Mind and Cosmos*: Why the Materialist Neo-Darwinian Conception of Nature Is Almost Certainly False. Nova York: Oxford University Press, 2012.

48. HUME, D. *The History of England*, 1756, cap. 71, p. 6 [Ed. bras.: *A história da Inglaterra*. São Paulo: Unesp, 2017 [Trad. Pedro P. Pimenta]].

49. THIEL, U. *The Early Modern Subject*: Self-Consciousness and Personal Identity from Descartes to Hume. Oxford: Oxford University Press, 2011.

a linguagem, o que dá origem à linguagem do pensamento, ideias que podem ser parcialmente reconstruídas em termos contemporâneos, como discuti no capítulo 1.

No período moderno, identificar o pensamento com a consciência é uma ideia que reaparece de várias maneiras. Vemos isso, por exemplo, na tese de Quine de que o seguimento de regras se reduz à "adaptação" (como os planetas "se adaptam" às leis de Kepler), ou ao "direcionamento" através do pensamento consciente. Ou, ainda, no "princípio de conexão" de Searle, que afirma que as operações da mente devem ser, de alguma forma, acessíveis à experiência consciente, uma ideia não muito fácil de ser formulada coerentemente. Sejam considerações empíricas ou estipulações terminológicas, essas doutrinas descartam muito do que já foi descoberto sobre o seguimento de regras na linguagem ou na percepção – por exemplo, a regra da dependência da estrutura para a linguagem, que vimos no capítulo 1, e, mais do que isso, seu embasamento; ou aquilo que Donald Hoffman chamou, em seu estudo sobre a inteligência visual, de "regra da rigidez", a regra que prediz que projeções de imagem são interpretadas "como projeções de movimentos rígidos em três dimensões", mesmo com estímulos altamente empobrecidos[50].

Há razões para acreditar que aquilo que alcança a consciência, mesmo que potencialmente, pode não passar de um mero reflexo disperso de processos mentais inacessíveis, que interagem intimamente com os fragmentos que às vezes, de fato, alcançam a consciência. Os famosos experimentos de Libet sobre tomada de decisões nos mostram algumas

---

50. HOFFMAN, D.D. *Visual Intelligence*: How We Create What We See. Nova York: Norton, 1998, p. 159 [Ed. bras.: *Inteligência visual* – Como criamos o que vemos. Rio de Janeiro: Campus, 2001].

evidências independentes sobre esse assunto – embora seja um erro, eu acredito, considerá-los relevantes no que toca ao livre-arbítrio. As mesmas questões perduram, incluindo considerações sobre responsabilidade pessoal, se as decisões forem tomadas sem consciência ou deliberação, incluindo questões sobre possíveis limitações cognitivas, às quais retornarei.

Se é verdade que fragmentos de processos mentais que alcançam a consciência interagem intimamente com aqueles que são inacessíveis, como parece realmente ser o caso (pelo menos para o uso da linguagem), então a restrição do foco à consciência, ou da acessibilidade à consciência, podem impedir gravemente o desenvolvimento de uma ciência da mente. Esses são tópicos de grande interesse, mas não há tempo para desenvolvê-los aqui.

Ao invés disso, vamos retornar ao misterianismo em sentido lato, não restrito à consciência, entendendo-o como um truísmo, como eu acho que deveria ser. Podemos considerar diversos tipos de mistérios. Alguns são bem sofisticados, tais como os que eu mencionei; talvez sejam mistérios permanentes para os humanos. Mas, antes de falar desse tipo, vale a pena considerar outros menos sofisticados: são casos que podem estar dentro do alcance de nossas capacidades cognitivas, casos em que poderíamos encontrar, em princípio, alguma evidência empírica relevante, mesmo que ela estivesse fora de nosso alcance. Ou casos em que considerações de natureza ética impeçam a realização de experiências que poderiam responder a perguntas que podemos formular de maneira sensata. Assim, muito se sabe sobre a neurologia do sistema visual humano graças a experimentos invasivos realizados em gatos e macacos, mas não podemos aprender sobre a linguagem usando esse mesmo método. Não há nada de homólogo conhecido no mundo animal – e os experimentos relevantes com humanos não são permitidos, embora, talvez, algumas limitações possam ser superadas com novas tecnologias.

Um exemplo pode ser a evolução da cognição – em particular, o que chamamos de "evolução da linguagem", querendo nos referir à evolução da capacidade de linguagem, da faculdade da linguagem. As línguas mudam, mas não evoluem. O biólogo evolucionista Richard Lewontin argumentou extensivamente há alguns anos que não aprenderemos praticamente nada sobre esses assuntos: "Pode ser interessante saber como a cognição (seja lá o que esse termo signifique) surgiu e se espalhou e mudou", concluiu ele, "mas não temos como saber. Grande azar!"[51] As evidências relevantes não estão disponíveis para nós. Os organizadores do livro *Invitation to Cognitive Science* (MIT Press), onde ele publicou essas conclusões, consideraram-nas persuasivas (e eu também), embora sua análise, em grande parte ignorada, não tenha impedido o crescimento de uma enorme literatura sobre o que Lewontin chama de "contação de histórias", especialmente no caso da linguagem.

A contação de histórias tipicamente segue sem nem mesmo revelar a natureza essencial do fenótipo, um pré-requisito para qualquer investigação evolutiva séria. E ela também costuma construir histórias sobre a comunicação (um tópico diferente, embora talvez mais atraente), porque é possível vislumbrar continuidades e pequenas mudanças de acordo com concepções de evolução que são convencionais, embora duvidosas, na melhor das hipóteses. Um recente artigo técnico analisa o que tem sido feito desde as restrições de

---

51. LEWONTIN, R. "The Evolution of Cognition: Questions We Will Never Answer". In: SCARBOROUGH, D. & STERNBERG, S. (ed.). *An Invitation to Cognitive Science* – Vol. 4: Methods, Models, and Conceptual Issues. 2. ed. Cambridge, Mass.: MIT, 1998, p. 108-132.

Lewontin, basicamente as reafirmando – de maneira bastante plausível, na minha opinião (que é suspeita, já que eu sou um dos autores do texto[52]).

Com relação às origens da linguagem, conhecemos um fato com considerável confiança e temos outra suposição plausível. O fato é que não houve nenhuma evolução detectável desde que nossos ancestrais deixaram a África, talvez há cerca de 50.000 ou 80.000 anos. O mesmo parece valer para a capacidade cognitiva, de maneira geral. A suposição plausível vem de Tattersall, já mencionada no capítulo 1: há poucas razões para supor que a linguagem existisse antes de cerca de 50.000 a 100.000 antes disso.

Uma explicação sobre a origem da linguagem humana terá de respeitar esse fato e, pelo menos, prestar atenção a essa suposição plausível. Ela terá de fornecer alguma proposta verossímil que dê conta de explicar a origem do que eu chamei de Propriedade Básica. Não há nenhuma explicação, até onde sei, além daquelas que mencionei no capítulo 1, geralmente consideradas heréticas ou pior.

Também há outras tarefas. Uma é dar conta da variedade das línguas, da gama de opções permitida pela faculdade da linguagem evoluída. Particularmente nos últimos trinta anos, essa tarefa tem se tornado um campo de estudo rico e esclarecedor sobre os parâmetros permissíveis para a variação – que apresentam, eles mesmos, problemas de caráter evolucionário.

Um problema ainda mais desafiador é explicar as origens dos átomos da computação para a Propriedade Básica. Aqui também há uma extensa literatura, mas de valor questionável, já que ela também raramente atende ao fenótipo, à natureza

---

52. HAUSER, M. et al. "The Mystery of Language Evolution". *Frontiers in Psychology*, 5, n. 401, 2014, p. 1-12.

do significado na linguagem humana; uma investigação, na minha opinião, que mina algumas doutrinas convencionais e levanta sérias questões sobre evolução e aquisição.

Os átomos da computação – chamemo-los de "conceitos atômicos" – são objetos parecidos com palavras, mas não são palavras. As palavras são construídas pelo processo auxiliar da externalização, que não alimenta os sistemas de pensamento, se a explicação que discuti no capítulo 1 estiver correta. Os átomos são às vezes chamados de "itens lexicais", mas esse termo tampouco é preciso. Os átomos das computações sintáticas que chegam à interface conceitual-intencional não possuem propriedades fonológicas, ao passo que os itens lexicais possuem. Eles são designados como um passo inicial de externalização e são arbitrários, no sentido familiar saussureano. Além disso, como agora já sabemos, o som é apenas uma das modalidades possíveis para a externalização.

Os "conceitos atômicos" para a linguagem e para o pensamento humanos parecem ser muito diferentes de qualquer outra coisa encontrada em sistemas de comunicação animal. A comunicação animal, ao que parece, está diretamente relacionada a entidades extramentais e pode ser identificada independentemente de qualquer consideração do sistema simbólico propriamente dito. Um macaco-vervet, por exemplo, tem vários tipos de chamados. Um está relacionado à dispersão de folhas, entendido como um sinal de que um predador pode estar chegando. Outro pode estar relacionado a alguma mudança hormonal: "Estou com fome". Isso parece ser bem geral e é muito diferente da linguagem humana, em que até mesmo os elementos mais simples carecem dessa propriedade, contrariando uma doutrina *referencialista* convencional que argumenta que existe uma relação direta entre palavras e entidades extramentais, tal como aparece ilustrado nos títulos de trabalhos prototípicos na área, como *Palavra e objeto*, de Quine, e *Words and Things*[53], de Roger Brown, além de diversos outros exemplos na literatura.

Voltando às reflexões cartesianas sobre a mente, a sinalização animal parece ser *causada* pelas circunstâncias, internas e externas, ao passo que, para os humanos, a produção apropriada de palavras e expressões mais complexas é, no máximo, *incitada* ou *sugestionada*.

Além disso, as associações feitas em sistemas de símbolos com animais são de um tipo muito diferente de qualquer coisa encontrada na linguagem humana. A esse respeito, a caracterização de Darwin sobre a singularidade da linguagem humana, mencionada no capítulo 1, deve ser modificada para além daquilo que ele poderia ter previsto. Uma das principais especialistas no assunto, Laura-Ann Petitto, que foi a investigadora principal do projeto NIM, escreve que

> os chimpanzés, ao contrário dos humanos, usam esses rótulos de uma forma que parece depender muito de uma noção global de associação. Um chimpanzé usa o mesmo rótulo *maçã* para se referir à ação de comer maçãs, ao local onde as maçãs são armazenadas, a eventos e locais de objetos além das maçãs que foram armazenados com uma maçã (a faca usada para cortá-la) e assim por diante – tudo simultaneamente e sem o aparente reconhecimento das diferenças relevantes entre essas associações ou das vantagens de ser capaz de fazer uma distinção entre elas. Mesmo as primeiras palavras de um bebê humano são usadas de uma maneira mais restrita. [...] Mas o uso dos chimpanzés, mesmo após anos de treinamento e comunicação com humanos, nunca mostra essa sensibilidade para diferenças entre os tipos naturais.

---

53. "As palavras e as coisas", sem tradução para o português [N.T.].

Surpreendentemente, então, os chimpanzés não têm "nomes para as coisas". Eles têm apenas uma miscelânea de associações bastante frouxas[54].

A linguagem humana é radicalmente diferente, com uma única exceção: ela também não tem nomes para as coisas, embora por motivos diferentes. Os conceitos atômicos da linguagem humana não selecionam entidades do mundo extramental. Aparentemente, não existe uma noção de "referência" ou "denotação" para a linguagem humana, embora existam, obviamente, ações de referência e denotação – uma observação que não tem sido ignorada pela literatura filosófica: o artigo de Peter Strawson sobre referência há sessenta anos é um exemplo bem-conhecido, ou a semântica aiciacional de Julius Moravcsik vinte anos depois, ou ainda a discussão de Akeel Bilgrami sobre a noção de conteúdo "radicalmente local ou contextual" vinte anos depois disso. Pode-se postular uma relação de referência dependente da circunstância derivada de atos de referência; assim, o nome "João" se refere à pessoa João (longe de ser uma noção inocente, é claro), na medida em que nos referimos a ele usando o nome de alguma forma em algumas circunstâncias particulares. Mas o ato de se referir é a noção fundamental.

Nesse aspecto, os conceitos atômicos são bem parecidos com os elementos da representação fonética. Podemos pensar neles como instruções para os articuladores (e, de forma comparativa, para o aparato perceptivo). O ato de pronunciar produz um evento específico no mundo independente da mente, mas seria inútil procurar alguma entidade ou categoria independente da mente à qual a unidade fonética corresponda, mesmo para um único indivíduo; muito menos

---

54. PETITTO, L.-A. "How the Brain Begets Language". In: McGILVRAY, J. (ed.). *The Cambridge Companion to Chomsky*. Cambridge: Cambridge University Press, 2005, p. 86.

para uma comunidade de falantes. A fonética acústica e a articulatória buscam descobrir como os símbolos internos entram na produção e na interpretação dos sons, o que não é tarefa simples; passados sessenta anos de estudo intenso com instrumentação de alta tecnologia, muita coisa ainda permanece desconhecida. Não há razão para suspeitar que uma tarefa mais fácil seria descobrir como os sistemas internos são usados para falar ou para pensar sobre os aspectos do mundo. Muito pelo contrário, como fica claro quando investigamos de fato os conceitos atômicos de computação linguística e cognitiva e as maneiras pelas quais eles são usados para a referência.

Isso já estava claro para Aristóteles. Ele concluiu que podemos "definir uma casa como pedras, tijolos e madeira", em termos de constituição material, mas também como "um receptáculo para abrigar bens e seres vivos", em termos de função e projeto; e devemos combinar as duas partes da definição, integrando matéria e forma, já que a "essência de uma casa" envolve "o propósito e o fim" da constituição material[55]. Uma casa, portanto, não é um objeto independente da mente. Isso se torna ainda mais claro quando investigamos mais além e descobrimos que o conceito *casa* tem propriedades muito mais complexas, uma observação que pode ser generalizada ainda mais. Estudos mostram que até mesmo as expressões mais simples têm significados bastante complexos[56].

---

55. STRAWSON, P. "On Referring". *Mind*, 59, n. 235, 1950, p. 320-344 [Ed. bras.: RYLE, G. et al. *Sobre referir*. São Paulo: Nova Cultural, 1989 [Sel. de textos: Oswaldo Porchat de A.P. da Silva] [Os Pensadores]. • MORAVCSIK, J. "Aitia as Generative Factor in Aristotle's Philosophy". *Dialogue*, 14, n. 4, 1975, p. 622-636. • BILGRAMI, A. *Belief and Meaning*: The Unity and Locality of Mental Content. Oxford: Blackwell, 1992. • ARISTOTLE. *Metaphysics* – Book 8:3; *De Anima* – Book 1:1.

56. CHOMSKY, N. "Notes on Denotation and Denoting". In: CAPONIGRO, I. & CECCHETTO, C. (eds.). *From Grammar to Meaning*: The Spontaneous Logicality of Language. Cambridge: Cambridge University Press, 2013, p. 38-45 [com fontes lá indicadas].

Em outros domínios, a doutrina referencialista tem um papel valioso, como na metamatemática, por exemplo, e nas ciências, onde a doutrina é considerada uma norma orientadora. Ao criar noções técnicas como *elétron* e *fonema*, os pesquisadores esperam estar identificando entidades que existem no mundo. Mas nada disso deve ser confundido com a linguagem humana. Outras confusões podem surgir se esses sistemas diferentes estiverem misturados. Assim, os químicos usam livremente o termo "água" no discurso informal, mas não no sentido da palavra da linguagem natural, o que também viola a doutrina referencialista.

Repare que Aristóteles estava definindo a entidade *casa*, e não a palavra "casa". Para ele, tratava-se de uma questão de metafísica: a entidade é uma combinação de matéria e forma. No curso da revolução cognitiva do século XVII, o ponto de vista geral mudou para a busca dos "poderes cognoscitivos inatos" que entram em nossa compreensão da experiência. Resumindo muitos anos de discussão de tais tópicos, Hume concluiu que "a identidade que atribuímos" a mentes, vegetais, corpos de animais e outras entidades é "apenas uma ficção" estabelecida pela imaginação "sobre objetos semelhantes" e não uma "natureza peculiar pertencente a dada forma"[57].

Um exemplo das deficiências da doutrina referencialista é o conceito de *pessoa*, intensamente estudado desde a era clássica, particularmente desde o século XVII. Então, quando se diz que o nome "João" denota seu portador, o que é exatamente esse portador? Não pode simplesmente ser o corpo material. Como Locke observa, não há absurdo em

---

57. Apud MIJUSKOVIC, B.L. *The Achilles of Rationalist Arguments*. The Hague: Nijhoff, 1974.

pensar que a mesma pessoa pode ter dois corpos diferentes: se a mesma consciência "pode ser transferida de uma substância pensante para outra, pode ser possível que duas substâncias pensantes componham uma pessoa". E há muitas outras complicações. A identidade pessoal consiste, assim, em (pelo menos) algum tipo de "identidade de consciência", em continuidade psíquica. Locke ainda acrescenta que o termo "pessoa" (ou *self* ou "alma") é, além disso, "um termo forense, se apropriando de ações e de seu mérito; por isso, pertence apenas a agentes inteligentes, capazes de uma lei, de felicidade e de sofrimento"[58].

Não temos tempo aqui para discutir as ricas e perceptivas investigações sobre o tema, revisadas recentemente no trabalho de Udo Thiel que mencionei anteriormente. Pode ser útil acrescentar, no entanto, algumas advertências sobre a interessante história legal da "pessoalidade" como um conceito "forense".

A Quinta Emenda da Constituição Americana garante os direitos das "pessoas": basicamente para que elas não sejam "privadas de vida, liberdade ou propriedade, sem o devido processo legal", disposições que remontam à Magna Carta. Mas o conceito de *pessoa* foi fortemente restringido. Ele simplesmente não incluía nativos americanos ou escravos. Ou mulheres. Sob a lei comum britânica, adotada pelas colônias, as mulheres eram basicamente consideradas uma propriedade – uma propriedade de seu pai que era entregue a seu marido. O conceito prevalecente foi expresso por Kant alguns anos depois: as mulheres não têm "personalidade civil", porque dependem "do ofício de outros", como aprendizes e servos, que também carecem de "personalidade civil".

---

58. LOCKE, J. *An Essay Concerning Human Understanding*, 1689, livro 2, cap. 27 [Ed. bras.: *Um ensaio sobre o entendimento humano*. São Paulo: Martins Fontes, 2012].

A Décima Quarta Emenda estendeu a condição de pessoa aos escravos libertos, pelo menos em princípio. Na realidade, alguns anos mais tarde, um pacto norte-sul permitiu aos estados escravocratas reinstituir uma forma de escravidão criminalizando efetivamente a vida negra, fornecendo uma força de trabalho barata e disciplinada para grande parte da Revolução Industrial, um sistema que persistiu até que a Segunda Guerra Mundial criou a necessidade de trabalho livre. Essa história nem um pouco bonita está sendo reencenada sob a viciosa "guerra às drogas" da geração passada, desde Ronald Reagan.

Quanto às mulheres, foi apenas em 1975 que o Supremo Tribunal as reconheceu como "pares", com o direito garantido de servir em júris federais – avançando assim para a categoria plena de *pessoa*. Decisões judiciais recentes estenderam esse direito já concedido às corporações, excluindo da categoria os estrangeiros sem regulamentação[59]. Não seria nenhuma grande surpresa se os chimpanzés fossem reconhecidos como pessoas e passassem a receber os devidos direitos antes dos imigrantes sem regulamentação.

Em resumo, compreender o conceito de pessoa em termos forenses apresenta muitas consequências humanas complexas e problemáticas.

---

59. Sobre as mulheres, cf. KERBER, L.K. "Why Diamonds Really Are a Girl's Best Friend: Another American Narrative". *Daedalus*, 141, n. 1, 2012, p. 89-100. • *Taylor v. Louisiana*, 419 U.S., 522, 1975. Sobre os afro-americanos, cf. BLACKMON, D. *Slavery by Another Name*: The Re-Enslavement of Black Americans from the Civil War to World War II. Nova York: Doubleday, 2008. • ALEXANDER, M.L. *The New Jim Crow*: Mass Incarceration in the Age of Colorblindness. Ed. rev. Nova York: New Press, 2012. Sobre os estrangeiros, cf. *Rasul v. Myers* – Court of Appeals, District of Columbia Circuit, jan./2008-abr./2009. Sobre corporações, cf. as fontes em CHOMSKY, N. *Hopes and Prospects*. Chicago: Haymarket, 2010, p. 30-31. • ELLERMAN, D. "Workplace Democracy and Human Development: The Example of the Postsocialist Transition Debate". *Journal of Speculative Philosophy*, 24, n. 4, 2010, p. 333-353.

Voltando à linguagem e aos conceitos atômicos, estudos recentes de aquisição, em particular os de Lila Gleitman e colegas, mostraram que até mesmo os significados das expressões linguísticas mais elementares são adquiridos com base em evidências muito restritas e de maneira muito rápida durante os primeiros anos de vida, mesmo sob restrições sensoriais severas. É difícil compreender como alguém pode evitar a conclusão de que essas intrincadas estruturas dependem de "poderes cognoscitivos inatos", do tipo explorado de maneira interessante na "primeira revolução cognitiva" do século XVII. As complexidades se acumulam rapidamente quando prosseguimos além dos elementos simples usados para a referência, reforçando a conclusão de que as propriedades inatas da mente desempenham um papel crítico em sua aquisição e em seu uso. Tais considerações parecem impossíveis de serem conciliadas com explicações conhecidas que são baseadas em exposição, instrução e formação de hábitos; ou com o que Dagfinn Føllesdal, em seu penetrante estudo sobre a teoria do significado de Quine, chama de "a tese da MMM: *O significado de uma expressão linguística é o produto conjunto de todas as evidências que ajudam os aprendizes e usuários da linguagem a determinar esse significado*"[60].

Em um comentário apreciativo, Quine endossa a interpretação de Føllesdal, mas com uma modificação crucial, afirmando que "o que importa é que o significado linguístico é uma função do comportamento observável em circunstâncias observáveis". Essa qualificação, no entanto, torna a tese muito fraca. Ela poderia ser verdade, não importando o quão rica fosse a dotação inata crucial e o quão empobrecidos fossem os dados, desde que pelo menos alguns estímulos

---

60. FØLLESDAL, D. "Indeterminacy and Mental States". In: BARRETT, R. & GIBSON, R. (eds.). *Perspectives on Quine*. Cambridge: Blackwell, 1990, p. 98-109.

sejam necessários, da mesma forma que o sistema visual amadurecido é uma função do *input* visual.

Se conclusões do tipo que acabamos de mencionar realmente podem ser generalizadas, como parece ser o caso, então se segue que a linguagem natural não tem semântica referencial (não no sentido de "relações entre símbolos e entidades independentes da mente"). Em vez disso, ela tem sintaxe (*i.e.*, manipulação interna de símbolos) e pragmática (modos de uso da linguagem). A semântica formal, incluindo a semântica de modelos, enquadra-se como sendo sintaxe nessa categorização. Ela é motivada por considerações externas do mundo – bem como a fonologia –, mas, ao que parece, se relaciona com o mundo apenas no contexto das teorias da ação.

Considerações dessa natureza apresentam problemas muito sérios para qualquer teoria potencial da origem da linguagem. Como mencionei, parece ser o caso que os sistemas de comunicação animal são baseados em uma relação um-para-um entre os processos mentais/cerebrais e "um aspecto do ambiente ao qual esses processos adaptam o comportamento do animal"[61]. Sendo assim, a lacuna entre a linguagem humana e a comunicação animal é tão grande nesse domínio quanto é nos domínios da estrutura, da aquisição e do uso da linguagem, e a investigação sobre as origens da linguagem terá de ser feita em outro lugar.

Vamos ver brevemente os objetos aos quais um falante refere. Temos de perguntar o que está valendo aqui. Quine estava preocupado com esse assunto. Ele observou que, em alguns casos, um sintagma nominal poderia não ser "um

---

61. GALLISTEL, C.R. "Representations in Animal Cognition: An Introduction". *Cognition*, 37, n. 1-2, 1990, p. 1-22.

candidato convincente – na superfície, de qualquer forma – para a entidade coisa"[62], tal como Daniel Dennett expôs recentemente numa discussão das questões levantadas por Quine. Por exemplo, dizemos "por que cargas d'água", mas não espere responder a perguntas relacionadas a coisas sobre cargas ou sobre água, como "quantas cargas d'água?" Ou "qual é a profundidade da água?" Da mesma forma, Dennett faz a seguinte observação: "Paris e Londres simplesmente existem. Mas os quilômetros que as separam também existem?" A resposta de Quine, diz Dennett, é que um sintagma nominal desse tipo é "*defectivo* e sua referência putativa não precisa ser levada a sério do ponto de vista ontológico"[63].

Muitas vezes há evidências linguísticas diretas da deficiência da noção de "coisa". Considere os substantivos "falha" e "folha". Em algumas construções, eles funcionam de maneira similar: *Tem uma folha no chão / tem uma falha na argumentação*; *Acredita-se que tenha uma folha no chão / acredita-se que tenha uma falha na argumentação*. Em outras não: *Tem uma folha que se acredita estar no chão / *tem uma falha que se acredita estar na argumentação*; *Uma folha está no chão / *uma falha está na argumentação* (o asterisco indica uma construção estranha). Algumas construções trazem consigo uma espécie de importância existencial que falta a outras, mesmo aquelas com expressões existenciais explícitas, uma questão que recai sob um modelo explicativo que acarreta uma variedade de consequências, discutidas em outros lugares[64].

Parece mesmo haver distinções entre "candidatos a coisas", mas logo aparecem algumas dúvidas. Presumivelmente,

---

62. Em inglês, *thinghood* [N.T.].
63. DENNETT, D.C. "Sakes and Dints". *Times Literary Supplement*, 02/03/2012.
64. CHOMSKY, N. "Derivation by Phase". In: KENSTOWICZ, M.J. (ed.). *Ken Hale: A Life in Language*. Cambridge, Mass.: MIT, 2001, p. 1-52.

a palavra "coisa" deveria ser ela mesma uma boa candidata para ser uma "coisa". Mas quais são as condições de identidade para as coisas e quantas existem? Suponha que encontramos alguns galhos espalhados pelo chão. Se eles caíram de uma árvore depois de uma tempestade, eles não são considerados uma "coisa". Mas se eles foram cuidadosamente colocados ali por algum artista e representam um trabalho de arte conceitual (que tem até um título), então essa obra é considerada uma "coisa" (e pode até mesmo vir a ser premiada). Um pouco de raciocínio irá mostrar que muitos fatores complexos acabam determinando se alguma parte do mundo constitui ou não uma coisa, incluindo aí a intenção humana e o *design* – a *forma* aristotélica – que são propriedades que não podem ser detectadas pelo estudo do mundo independente da mente. Se *coisa* não se qualifica para a *noção de coisa* independentemente das circunstâncias dependentes da mente, então o que se qualifica?

E o que dizer dos exemplos de Dennett sobre Paris e Londres? Podemos nos referir a essas cidades, mesmo dizendo que visitei Londres um ano antes de ser destruída por um grande incêndio e depois reconstruída, com materiais e com um projeto inteiramente diferentes, a cinquenta quilômetros acima do Tâmisa, e que pretendo revisitar a cidade no ano que vem. Evidentemente, o mundo extramental não contém uma entidade com tais propriedades, uma entidade que um físico poderia, em princípio, descobrir. No entanto, podemos nos referir a Londres, seja usando a expressão "Londres", seja com algum pronome, ou ainda com alguma expressão mais complexa, como "minha cidade favorita" etc. Na minha língua-I existe uma entidade interna *Londres* – que não se combina necessariamente com a sua entidade de maneira exata – constituída de elementos que fornecem perspectivas para se referir a aspectos do mundo, da mesma forma como as características da entidade fonética interna [ta] fornecem meios para pronunciarmos e interpretarmos certos eventos no mundo. Nesses termos, muitos paradoxos clássicos tornam-se difíceis ou impossíveis de serem formulados, desde o navio de Teseu, de Plutarco, até os enigmas de Kripke, todos baseados em suposições referencialistas.

Como sugeriu Norbert Hornstein, poderíamos reformular essa observação, tomando as características problemáticas dos paradoxos como argumentos adicionais contra as premissas referencialistas que levaram a elas.

A investigação inicial desses tópicos estava preocupada principalmente com a individualização: O que torna um indivíduo distinto dos outros? Com o surgimento das teorias corpusculares no século XVII, o foco da investigação passou da individualização para a questão anterior da identidade: O que torna um indivíduo o mesmo, ao longo do tempo, apesar das mudanças parciais que acontecem? Para um corpuscularista, um indivíduo é exatamente o que é: uma "porção distinta de matéria formada por um certo número de (corpúsculos)" (Robert Boyle). O estudo da identidade através do tempo levou a um tratamento cognitivo dessa questão. Como afirma Thiel, "uma vez que as formas substanciais são negadas e nenhum 'princípio' de identidade pode ser descoberto nas próprias coisas, reconhece-se que a identidade deve depender daquilo que nós consideramos serem seus constituintes essenciais" – "daquilo que nós consideramos", ou seja, de nossos critérios de julgamento, de nossos conceitos sobre as coisas. Essa "revolução subjetivista" foi levada adiante particularmente por Locke, para quem a existência é preservada "sob a mesma denominação", em termos das ideias abstratas com as quais consideramos o mundo.

Hume crê que nossa tendência a atribuir identidade através do tempo é uma "propensão natural", um tipo de instinto que constrói a experiência para se conformar aos nossos modos de cognição – e de maneiras muito diferentes de qualquer coisa que encontramos no mundo animal. A "propensão" para atribuir identidade onde a evidência mostra diversidade "é tão grande", escreve Hume, que a imaginação cria conceitos que unem uma sucessão de objetos relacionados, levando-nos a "imaginar algo desconhecido e misterioso que conecta todas as partes". Por isso, a imputação da identidade é uma construção da imaginação, e os fatores que entram na construção dessa imaginação tornam-se um tópico das ciências cognitivas, embora Hume tenha duvidado que a imaginação seja de fato, como ele pensava, "um tipo de faculdade mágica [...] [que] [...] é inexplicável, mesmo diante dos maiores esforços do entendimento humano"[65]. Outro mistério para os humanos, portanto.

Nesses termos também deve ser possível reinterpretar o registro rico e esclarecedor do pensamento sobre a natureza da alma, embora agora divorciada de condições teológicas, como a ressurreição, e do modelo metafísico de épocas anteriores.

Todos esses assuntos, me parece, merecem receber consideravelmente mais atenção e preocupação do que eles têm recebido. Em particular, eles nos apresentam problemas muito sérios para o estudo da aquisição e da origem da linguagem, talvez insolúveis no caso da origem da linguagem, pelas razões expostas por Lewontin.

Essas primeiras reflexões modernas sobre as origens do conhecimento levaram a uma forma muito mais fundamental de misterianismo, do tipo de que venho dando pequenas amostras. Para Locke e Hume, uma conclusão que se segue

---

65. THIEL, U. *The Early Modern Subject...* Op. cit.

das considerações epistemológicas é que os limites da nossa compreensão são muito estreitos. Janiak observa que Newton considerava esse ceticismo global como "irrelevante – ele considera a possibilidade de nosso conhecimento da natureza como algo natural". Assim, "as principais questões epistêmicas que nos confrontam são feitas pela própria teoria física". Isso excluiria a postura cética de Locke e Hume. Contudo, eles levaram muito a sério o novo misterianismo baseado na ciência, que surgiu a partir da destruição de Newton da filosofia mecânica, que havia fornecido o próprio critério de inteligibilidade para a revolução científica do século XVII, baseada na concepção do mundo como uma máquina elaborada. Galileu insistia que as teorias somente são inteligíveis sob uma condição muito restritiva: somente se pudermos "replicar [seus postulados] por meio de dispositivos artificiais apropriados", uma concepção que foi mantida por Descartes, Leibniz, Huygens, Newton e outras grandes figuras da revolução científica.

Dessa forma, as descobertas de Newton deixaram o mundo ininteligível quando suas suposições teológicas foram descartadas. A solução adotada, como mencionamos, foi rebaixar os objetivos da ciência, abandonando a busca pela inteligibilidade do mundo e ficando com algo muito mais fraco: teorias que nos são inteligíveis, não importando se o que elas postulam seja algo inteligível. Foi muito natural, portanto, que Bertrand Russell descartasse a própria ideia de um mundo inteligível, considerando-a um "absurdo", não sendo mais um objetivo razoável para a investigação científica.

Não há contradição alguma em supor que poderíamos ser capazes de sondar os limites da compreensão humana e tentar estreitar a fronteira entre problemas e mistérios (para seres humanos)[66]. A investigação experimental pode ser capaz de determinar os "limites das hipóteses admissíveis" discutidos por Peirce, tanto aqueles que entram no entendimento do senso comum como aqueles que constituem aquilo que poderíamos chamar de "nossa capacidade de formação em ciência" – o interesse específico de Peirce, que pode muito bem ter propriedades diferentes (uma questão que é contestada na psicologia cognitiva)[67]. Uma abordagem seria levar a sério as preocupações das grandes figuras da revolução científica inicial e do Iluminismo, sobre o que elas consideravam "inconcebível" e seus porquês. A "filosofia mecânica" em si mesma tem a pretensão de ser uma aproximação da compreensão de senso comum do mundo. Apesar dos comentários muito sofisticados, também é difícil negar a força da convicção de Descartes sobre o livre-arbítrio: "a coisa mais nobre" que temos [...] "não há nada que compreendamos de forma mais evidente e perfeita". "Seria um absurdo", continua Descartes, duvidar de algo que "compreendemos e experimentamos intimamente", meramente porque esse algo é, "por natureza, incompreensível para nós", se, de fato, nós não "temos inteligência suficiente" para compreender o funcionamento da mente, como ele especulava[68]. Conceitos de determinação e aleatoriedade estão dentro dos limites de nossa especulação intelectual, mas se "ações livres de homens" que são "indeterminadas" não puderem ser acomodadas nesses termos, isso poderia ser uma questão de limitações cognitivas – o que não impediria uma

---

66. Uma pesquisa que Colin McGinn realizou em vários livros e artigos, entre eles *Basic Structures of Reality*: Essays in Meta-Physics. Nova York: Oxford University Press, 2011.

67. CAREY, S. *The Origin of Concepts*. Oxford: Oxford University Press, 2011.

68. Para as fontes, cf. cap. 4.

teoria inteligível de tais ações, por mais distante que isso esteja do entendimento científico corrente.

Embora a lista de misterianistas seja longa e distinta, sua postura parece contrastar com a tese exuberante de que a revolução científica e o Iluminismo deram aos humanos um poder explanatório ilimitado, visto no rápido desenvolvimento da ciência moderna. Uma figura notável que adotou essa visão foi David Hilbert. Em sua palestra final em 1930, pouco antes de a praga nazista acabar com o Círculo de Hilbert em Göttingen, ele recordou "a magnífica maneira de pensar e a visão de mundo que brilha" nas palavras do grande matemático Carl Gustav Jacob Jacobi, que admoestou Joseph Fourier por sustentar que o objetivo da matemática era explicar os fenômenos naturais. Em vez disso, Hilbert afirmou: "o único objetivo de toda a ciência é a honra do espírito humano"; por isso, "um problema de pura teoria dos números é tão valioso quanto um problema com aplicações práticas". Quem quer que entenda essa maneira de pensar, Hilbert continuou, perceberá que "não há *ignorabimus*", seja na matemática seja nas ciências naturais. "Não existe nenhum problema insolúvel. Ao invés do tolo *ignorabimus*, nossa resposta é, ao contrário, nós precisamos saber e nós iremos saber" – palavras que estão gravadas na lápide de Hilbert[69].

A previsão não se saiu muito bem na matemática, como Kurt Gödel logo demonstrou, para o choque do mundo matemático. E apesar da nobreza do pensamento, o argumento tem pouca força nas ciências naturais.

---

69. HILBERT, D. "Logic and the Knowledge of Nature" [1930]. In: EWALD, W.B. (ed.). *From Kant to Hilbert*: A Source Book in the Foundations of Mathematics. Nova York: Oxford University Press, 2005, p. 1.157-1.165. Devo a Richard Larson essa referência.

Recentemente, o físico David Deutsch escreveu que o progresso potencial é "ilimitado", como um resultado da grande realização do Iluminismo e da ciência moderna antiga – direcionar a investigação para a busca de boas explicações, seguindo as linhas popperianas. Como David Albert expõe sua tese,

> com a introdução desse hábito particular de inventar e avaliar novas hipóteses, parecia que podíamos fazer qualquer coisa. As capacidades de uma comunidade que tenha dominado esse método para sobreviver e para aprender e para refazer o mundo de acordo com suas inclinações são (no longo prazo), literalmente, matematicamente, infinitas[70].

A busca por melhores explicações pode, de fato, ser infinita, mas isso, evidentemente, não significa que ela seja ilimitada. O inglês é infinito, mas não inclui o grego. O conjunto dos números inteiros é infinito, mas não inclui os números reais. Não posso discriminar um argumento que aborde a gama de preocupações misterianistas e suas conclusões.

Os pressupostos básicos remontam, pelo menos, a Peirce, que, no entanto, ofereceu um argumento relacionado à observação de Albert sobre dominar o método para sobreviver. Peirce propôs que o instinto abdutivo, que estabelece hipóteses admissíveis e nos permite escolher entre elas, foi desenvolvido por meio da seleção natural: variantes que produziram verdades sobre o mundo proporcionaram uma vantagem seletiva e foram mantidas pelos descendentes com essa modificação, enquanto os demais desapareciam. Essa ideia é, no entanto, completamente insustentável. Pelo contrário, a teoria da evolução coloca os seres humanos firmemente den-

---

70. DEUTSCH, D. *The Beginning of Infinity*: Explanations That Transform the World. Nova York: Viking, 2011. • ALBERT, D. "Explaining it All: How We Became the Center of the Universe". *New York Times*, 12/08/2011.

tro do mundo natural, entendendo os seres humanos como organismos biológicos, tanto quanto os demais seres; ou seja, seres com capacidades que têm escopo e limites, incluindo aí o domínio cognitivo. Aqueles que aceitam a biologia moderna devem, portanto, ser misterianistas[71].

Deixando de lado o recurso insustentável à seleção natural, ficamos com uma investigação científica séria e desafiadora: determinar os componentes inatos de nossa natureza cognitiva na linguagem, na percepção, na formação de conceitos, na construção de teorias, na criação artística e em todos os outros domínios da vida. Uma outra tarefa é determinar o escopo e os limites do entendimento humano, embora reconhecendo que algumas inteligências, que sejam estruturadas de maneira diferente da nossa, podem considerar os mistérios humanos como simples problemas e se admirar que não consigamos encontrar as respostas – da mesma forma como podemos observar a incapacidade dos ratos de escapar de labirintos baseados em números primos, dadas suas limitações de natureza cognitiva.

Longe de lamentar a existência de mistérios para os humanos, nós deveríamos ser extremamente gratos por isso. Sem limites para a abdução, nossas capacidades cognitivas também não teriam escopo, como se a dotação genética não impusesse restrições ao crescimento e ao desenvolvimento de um organismo. Poderíamos nos tornar apenas uma criatura ameboide disforme, refletindo os acidentes de um ambiente não analisado. As condições que impedem que um embrião humano se torne um inseto desempenham um papel crítico em determinar que ele se torne um humano; o mesmo vale para o domínio cognitivo. A teoria estética clássica reconheceu essa mesma relação entre escopo e limites.

---

71. CHOMSKY, N. *Language and Mind*. Op. cit., p. 78-79.

Sem regras não pode haver atividade criativa genuína, mesmo quando o trabalho criativo desafia e revisa as regras dominantes.

A honestidade deveria nos levar a admitir, penso eu, que entendemos pouco mais sobre a criatividade do que o médico e filósofo espanhol Juan Huarte entendia no século XVI, quando ele distinguiu três tipos de inteligência: o tipo de inteligência que os humanos compartilham com os animais; o que apenas os humanos possuem e que pode ser visto no uso criativo da linguagem; e um tipo de grau ainda mais elevado, que encontramos na verdadeira criatividade artística e científica[72]. Tampouco sabemos se essas são questões que podem ser abarcadas pelo entendimento humano, ou se elas estão entre o que Hume considerou serem os segredos definitivos da natureza, relegados àquela "obscuridade, onde eles sempre estiveram e onde permanecerão para sempre".

---

72. SAN JUAN, J.H. *Examen de ingenios para las ciencias* –The examination of men's wits, 1575-1594. Cf. CHOMSKY, N. *Cartesian Linguistics*. Op. cit. • ORTEGA, J.V. "Juan Huarte de San Juan in Cartesian and Modern Psycholinguistics: An Encounter with Noam Chomsky". *Psicothema*, 17, n. 3, 2005, p. 436-440 [Disponível em http://www.psicothema.com/pdf/3125.pdf].

3 | O QUE É O BEM COMUM?

Nos capítulos 1 e 2, olhei para dois tópicos estreitamente relacionados: a linguagem e o pensamento. A pesquisa revela, creio eu, que eles possuem muitas outras propriedades impressionantes, cuja maior parte se encontra escondida da observação direta e inacessível à consciência em aspectos importantes. Entre estes estão a estrutura básica e o *design* do sistema computacional subjacente da "linguagem do pensamento" disponibilizada pela língua interna, a língua-I, que cada pessoa domina, com seu escopo rico, mas limitado, determinado por nossa natureza essencial. Adicionalmente, os átomos da computação, os conceitos atômicos da linguagem e do pensamento, parecem ser unicamente humanos em aspectos fundamentais, gerando problemas difíceis sobre suas origens, problemas que não podem ser produtivamente investigados a menos que as propriedades do fenótipo sejam cuidadosamente considerados. A pesquisa revela também, penso, que o alcance da cognição humana é ele mesmo regido pelos "limites sobre hipóteses acessíveis", o que produz sua riqueza e profundidade, deixando mistérios que resistirão ao tipo de compreensão a que aspiravam os criadores da primeira revolução científica moderna, como foi reconhecido de várias formas pelas grandes figuras do pensamento dos séculos XVII e XVIII; e também abrindo possibilidades para a pesquisa com questões intrigantes que tinham sido muito pouco exploradas.

Até agora tenho sustentado certos aspectos cognitivos da natureza humana e tenho pensado nas pessoas como indivíduos. Mas é claro que os humanos são seres sociais, e o tipo de criatura que nos tornamos depende crucialmente das circunstâncias sociais, culturais e institucionais de nossas vidas. Portanto, somos levados a investigar os arranjos sociais que contribuem com os direitos e o bem-estar das pessoas, satisfazendo suas justas aspirações – em resumo, o bem comum.

Também tenho sustentado amplamente o que me parecem ser truísmos virtuais, embora de um tipo estranho, dado que geralmente são rejeitados. Eu gostaria de sugerir mais alguns deles aqui, com os mesmos traços estranhos. E com o escopo ampliado das preocupações com que lidarei, esses pretensos truísmos se relacionam com uma categoria interessante de princípios éticos: aqueles que não são somente universais – já que são seguidos virtualmente sempre –, mas duplamente universais – já que são, ao mesmo tempo, quase universalmente rejeitados na prática. Esses variam de princípios muito gerais, tais como o truísmo de que deveríamos aplicar a nós os mesmos padrões que aplicamos aos outros, quiçá mais rígidos, até diretrizes mais específicas, tais como a dedicação na promoção da justiça e dos direitos humanos, promulgadas quase universalmente, mesmo pelos piores monstros, embora o registro atual seja sombrio ao longo do espectro.

Um bom lugar para iniciar é com o clássico de Mill: *Sobre a liberdade*. Sua epígrafe formula "o princípio diretriz, grandioso em direção ao qual todo argumento arrolado nessas páginas converge: a absoluta e essencial importância do desenvolvimento humano na riqueza da sua diversidade". As palavras citadas são de Wilhelm von Humboldt, um dos fundadores do liberalismo clássico, entre suas muitas outras realizações. Segue-se que instituições que restringem o desenvolvimento humano são ilegítimas, a menos que possam de algum modo se justificar.

Humboldt estava expressando opiniões que eram conhecidas durante a época do Iluminismo. Outro exemplo é a crítica aguda de Adam Smith sobre a divisão do trabalho e, em particular, suas razões[73]. Nas suas palavras, "A compreensão da maioria dos homens é formada por seus usos cotidianos"; sendo assim,

> os homens cuja vida é gasta executando umas poucas operações simples, das quais os efeitos são, talvez, sempre os mesmos, ou muito próximos do mesmo, não possuem oportunidade de exercer o pensamento [...] e normalmente se tornam tão estúpidos e ignorantes quanto seja possível que uma criatura humana seja. [...] Mas em toda sociedade desenvolvida e civilizada esse é o estado em que os trabalhadores pobres, isto é, a grande massa da população, deve necessariamente estar, a menos que o governo tome algumas medidas para prevenir isso.

A preocupação com o bem comum deveria nos impelir a buscar formas de superar o impacto maligno dessas políticas desastrosas, do sistema educacional às condições de trabalho, proporcionando oportunidades para que se exerça o entendimento e se cultive o desenvolvimento humano na mais rica diversidade.

A crítica aguda de Smith sobre a divisão do trabalho não é tão conhecida quanto o elogio excessivo de seus grandes benefícios. De fato, na edição acadêmica do bicentenário,

---

73. SMITH, A. *An Inquiry into the Nature and Causes of the Wealth of Nations* [1776]. Chicago: University of Chicago Press, 1976, livro 5, cap. 1, parte 3, art. 2, p. ii, 302-303 [Ed. Edwin Cannan] [Ed. bras.: *A riqueza das nações*. São Paulo: Nova Cultural, 1988 [Col. Os Economistas]].

publicada pela Editora da Universidade de Chicago, isso não está sequer listado no índice remissivo. Mas é um exemplo instrutivo dos ideais do Iluminismo que são princípios fundadores do liberalismo clássico.

Talvez Smith tenha sentido que não seria tão difícil instituir políticas humanas como essas. Ele abre o seu *A teoria dos sentimentos morais* observando que "embora qualquer homem possa ser supostamente egoísta, evidentemente há alguns princípios na sua natureza que o tornam interessado no destino dos outros e fazem com que a felicidade deles lhe seja necessária, mesmo que ele não tire nada disso, exceto o prazer de vê-la". A despeito do poder da "máxima vil dos mestres da humanidade" – "Tudo para nós e nada para os outros" – as mais benéficas "paixões originais da natureza humana" poderiam compensar por aquela patologia[74].

O liberalismo clássico atolou nos bancos de areia do capitalismo, mas seus compromissos e aspirações humanistas não morreram. No período moderno, ideias similares são reiteradas, por exemplo, por um importante pensador político que descreveu o que ele chamou de "uma tendência definitiva no desenvolvimento histórico da humanidade", que anseia pelo "desdobramento livre e sem obstáculos de todas as forças individuais e sociais na vida". O autor era Rudolf Rocker, um ativista e importante pensador anarquista do século XX[75]. Ele estava resumindo uma tradição anarquista, culminando na sua visão sobre o anarcossindicalismo – nos termos europeus, uma variedade do "socialismo libertário". Essas ideias, ele sustentava, não descrevem "um sistema social

---

74. SMITH, A. *The Theory of Moral Sentiments* [1759]. Nova York: Penguin, 2009 [Ed. bras.: *A teoria dos sentimentos morais*. São Paulo: WMF Martins Fontes, 2015]. "A máxima vil": SMITH, A. *Wealth of Nations*, livro 3, cap. 4, p. i, 437.

75. ROCKER, R. *Anarcho-Syndicalism*: Theory and Practice. Londres: Secker and Warburg, 1938.

fixo, fechado em si mesmo" com uma resposta definitiva para todas as questões e respostas multifacetadas da vida humana, mas, ao contrário, uma tendência no desenvolvimento humano que anseia por atingir ideais do Iluminismo.

Os termos do discurso político raramente são modelos de exatidão. Considerando o modo como os termos são usados, é quase impossível dar respostas significativas para questões como "o que é o socialismo?", ou o capitalismo, ou o livre-mercado ou outros termos de uso comum. Isso vale até mesmo para o termo "anarquismo", que tem estado sujeito a uma ampla variedade de usos e abusos, tanto por inimigos amargurados quanto por aqueles que mantêm sua bandeira alta, de modo que ele resiste a qualquer caracterização simples. Contudo, acredito que a formulação de Rocker captura as principais ideias que animam pelo menos algumas das maiores vertentes da tradição rica e complexa – e frequentemente contraditória – do pensamento e da ação anarquistas.

Assim entendido, o anarquismo é o herdeiro das ideias liberais clássicas que emergiram do Iluminismo. Ele é parte de uma variedade maior do pensamento e da ação socialista libertários, que vai da esquerda marxista antibolchevique de Anton Pannekoek, Karl Korsch, Paul Mattick e outros, até o anarcossindicalismo que inclui essencialmente as conquistas práticas da Espanha revolucionária em 1936, alcançando, além disso, empresas cujos donos são os trabalhadores, que se espalham hoje pelo Cinturão da Ferrugem dos Estados Unidos, pelo norte do México, pelo Egito e por muitos outros países, mais extensivamente pelo País Basco na Espanha, também envolvendo muitos movimentos cooperativistas pelo mundo afora e uma boa parte das iniciativas feministas e de direitos civis e humanos.

Essa ampla tendência no desenvolvimento humano procura identificar estruturas de hierarquia, autoridade e dominação que restringem o desenvolvimento humano, para então sujeitá-las a um desafio muito razoável: *justifique-se*. Demonstre que é legítima, tanto por alguma circunstância especial em um estágio particular da sociedade ou por princípio. E se elas são incapazes de responder ao desafio, deveriam ser desmanteladas. E não apenas desmanteladas, mas também reconstruídas; e, para os anarquistas, "reformuladas de baixo pra cima", como Nathan Schneider observa em um comentário recente sobre anarquismo[76].

Em parte isso soa como um truísmo: Por que alguém deveria defender estruturas e instituições ilegítimas? A percepção está correta; o princípio deveria ser considerado como um truísmo. Mas truísmos pelo menos possuem o mérito de serem verdadeiros, o que os distingue de uma boa parte do discurso político. E acredito que esses truísmos proporcionam algumas bases úteis para se encontrar o bem comum.

Esses truísmos particulares pertencem à categoria interessante dos princípios morais que mencionei anteriormente: aqueles duplamente universais. Entre esses está o truísmo de que deveríamos desafiar instituições coercitivas e rejeitar aquelas que são incapazes de demonstrar sua legitimidade, desmontando-as e construindo-as de baixo para cima. É difícil ver como, em princípio, isso possa ser rejeitado, embora agir por princípios não seja, geralmente, tão fácil quanto enunciá-los grandiosamente.

Continuando com os mesmos pensamentos, novamente citando Rocker, o anarquismo "visa libertar o trabalhador da exploração econômica" e a sociedade da "tutela política

---

76. SCHNEIDER, N. "Introduction: Anarcho-Curious? – Or, Anarchist America". In: CHOMSKY, N. *On Anarchism*. Nova York: New Press, 2013, p. xi.

ou eclesiástica", abrindo assim o caminho para "uma aliança de grupos livres de homens e mulheres com base no trabalho livre cooperativo e numa administração planejada das coisas do interesse da comunidade". Como um anarco-ativista, Rocker continua a convocar as organizações populares para criar "não só as ideias, mas também os fatos do próprio futuro" dentro da sociedade atual, seguindo a injunção de Bakunin.

Um *slogan* anarquista tradicional é "Ni Dieu, ni maître" – sem Deus, sem mestre – uma frase que Daniel Guerin usou como título de sua valiosa coleção de clássicos anarquistas. Acho que é válido entender o *slogan* "sem Deus" nos termos de Rocker: oposição à *tutela* eclesiástica. Crenças individuais são algo diferente. Isso deixa aberta a porta para a tradição animada e impressionante do anarquismo cristão – por exemplo, do Movimento dos Trabalhadores Católicos de Dorothy Day. E muitas realizações da Teologia da Libertação, que iniciou meio século atrás no Vaticano II, acendendo uma guerra raivosa dos Estados Unidos contra a Igreja para destruir a heresia de um retorno à mensagem pacifista radical dos evangelhos. A guerra foi um sucesso, de acordo com a Escola das Américas (já renomeada), que treina assassinos e torturadores latino-americanos e afirma triunfalmente que o exército americano ajudou a derrotar a Teologia da libertação[77]. Isso foi feito deixando um rastro de mártires religiosos, parte de uma praga de repressão horrível que consumiu o hemisfério.

Grande parte disso está fora da história convencional, em razão da falácia do agente errado. Saberíamos dos deta-

---

77. UNITED STATES ARMY, "School of the Americas", mai./1999. In: ISACSON, A. & OLSON, J. *Just the Facts*: A Civilian's Guide to U.S. Defense and Security Assistance to Latin America and the Caribbean. Washington, D.C.: Latin America Working Group, 1999.

lhes muito bem se os crimes pudessem ser atribuídos a um inimigo oficial, outra ilustração daqueles princípios éticos universais duplamente interessantes.

A pesquisa genuína, naturalmente, está bem ciente que desde 1960 até "o colapso soviético de 1990, os números de prisioneiros políticos, vítimas de tortura, e execuções de dissidentes políticos não violentos na América Latina excedeu grandemente aquelas na União Soviética e nos seus satélites no Leste Europeu. Em outras palavras, de 1960 a 1990, o bloco soviético como um todo era menos repressivo, medido em termos de vítimas humanas, do que muitos países latino-americanos individuais, [...] uma catástrofe humana sem precedentes" apenas na América Central, particularmente durante o Governo Reagan[78].

Entre os executados estavam muitos mártires religiosos, e houve também assassinatos em massa, consistentemente financiados ou promovidos por Washington. As razões para essa praga de repressão têm pouco a ver com a Guerra Fria, como descobrimos quando olhamos além da abordagem retórica tradicional; ao contrário, ela foi uma reação ao fato de que os sujeitos estavam ousando levantar suas cabeças, em parte inspirados pelo retorno da Igreja à "opção preferencial pelos pobres" dos evangelhos.

A parábola do Grande Inquisidor de Dostoiévski vem logo à mente.

A frase "sem mestre" é diferente: ela se refere não a crenças individuais, mas a uma relação social, uma relação de subordinação e domínio que o anarquismo procura desmantelar e reconstruir a partir de baixo, a menos que ela possa

---

78. COATSWORTH, J.H. "The Cold War in Central America, 1975-1991". In: LEFFLER, M.P. & WESTAD, O.A. (eds.). *The Cambridge History of the Cold War* – Vol. 3: Endings. Cambridge: Cambridge University Press, 2010, p. 221.

de algum modo responder ao árduo fardo de estabelecer sua legitimidade.

Por ora, partimos do truísmo para a controvérsia ampla. Em particular, nesse ponto a versão americana do liberalismo se separa nitidamente da tradição liberal, aceitando e mesmo advogando a subordinação do proletariado aos mestres da economia, e a sujeição de todos à disciplina restritiva e aos traços destrutivos do mercado. Esses são tópicos válidos de investigação, mas vou deixá-los de lado aqui, enquanto percebemos que poderia haver formas de unir as energias da esquerda e da direita libertária – como às vezes acontece, por exemplo, no valioso trabalho teórico e prático do economista David Ellerman[79].

Reconhecidamente, o anarquismo se opõe ao Estado ao advogar "a administração planejada das coisas do interesse da comunidade", nas palavras de Rocker, além de federações amplas de comunidades autogovernadas e locais de trabalho. No mundo real de hoje, os anarquistas dedicados a esses objetivos frequentemente dão suporte ao poder estatal na proteção do povo, da sociedade e mesmo da terra contra os estragos do capital privado concentrado. Tome, digamos, uma revista anarquista respeitável como *Freedom*, fundada como uma revista anarquista socialista pelos seguidores de Kropotkin em 1886. Abrindo suas páginas, encontramos muitas pessoas dedicadas a defender esses direitos, frequentemente invocando o poder do Estado, como a regulamentação da segurança, da saúde e da proteção ambiental.

Não há contradição aqui. As pessoas vivem, sofrem e perseveram no mundo real da sociedade existente, e qualquer pessoa decente deveria facilitar o emprego daqueles

---

79. ELLERMAN, D. *Property and Contract in Economics*: The Case for Economic Democracy. Cambridge: Blackwell, 1992.

meios disponíveis para salvaguardá-los e deles se beneficiar, mesmo que um objetivo de longo prazo seja retirar esses dispositivos e construir alternativas melhores. Ao discutir tais preocupações, algumas vezes peguei emprestada uma imagem usada pelo Movimento dos Trabalhadores Rurais Brasileiros[80]. Eles falam em alargar o piso da cela, a cela das instituições coercitivas existentes que pode ser ampliada pela luta popular, como tem efetivamente acontecido ao longo de muitos anos. E podemos ampliar a imagem para pensar na cela das instituições estatais coercitivas como uma proteção contra os animais selvagens perambulando lá fora, as instituições capitalistas predatórias subsidiadas pelo Estado, que estão dedicadas ao princípio vil máximo dos mestres, ao ganho privado, ao poder e à dominação, com o interesse da comunidade e de seus membros constando no máximo numa nota de rodapé, talvez reverenciado na retórica, mas abandonado na prática como um princípio e mesmo pela lei.

Também é válido relembrar que os estados que os anarquistas condenavam eram, na verdade, estados existentes, não visões de sonhos democráticos irrealizáveis, tais como o governo do, pelo e para o povo. Eles severamente se opunham ao governo do que Bakunin chamou de "burocracia vermelha", que ele previu, com perfeita precisão, que estaria entre a mais selvagem das criações humanas. E eles também se opõem a sistemas parlamentares que são instrumentos do governo por classes: os Estados Unidos contemporâneo, por exemplo. Alguns dos mais respeitáveis trabalhos na ciência política acadêmica comparam as atitudes e a política – o último é evidente, o primeiro está acessível

---

80. MAYBURY-LEWIS, B. *The Politics of the Possible*: The Brazilian Rural Workers' Trade Union Movement, 1964-1985. Filadélfia: Temple University Press, 1994.

a votação cuidadosa, produzindo resultados razoavelmente consistentes. O trabalho atual mais detalhado revela que a maioria da população está privada de direitos[81]. Por volta de 70%, na parte de baixo da escala de riqueza/renda, não possuem influência na política. Assim que subimos na escala, a influência aumenta vagarosamente, e lá no topo alcançamos aqueles que praticamente determinam a política, por meios que não são obscuros. O sistema resultante não é a democracia, mas a plutocracia.

O reconhecimento do fato está tão profundamente internalizado que se torna virtualmente invisível, às vezes de formas notáveis. Considere o sistema de saúde, que por anos tem sido ranqueado em alto grau entre as preocupações dos americanos. E por boas razões. O sistema de saúde é um escândalo. Ele possui custo *per capita* duas vezes maior que aqueles dos países da OCDE, juntamente com resultados relativamente pobres, e é um enorme dreno na economia. É também o único sistema que está amplamente privatizado e sem regulamentação.

Os fatos são notados de formas instrutivas. Uma resenha do fiasco no sistema de saúde no *New York Times* observa que os Estados Unidos "está fundamentalmente mutilado na sua busca por um sistema de saúde mais barato: todos os outros países desenvolvidos dependem em larga medida da intervenção direta do governo, negociação ou taxação para atingir tratamento médico de baixo custo para todos os cidadãos. Isso não é politicamente aceitável aqui". Um especialista é citado como ligando a complexidade da Lei de

---

81. GILENS, M. *Affluence and Influence*: Economic Inequality and Political Power in America. Princeton, N.J.: Princeton University Press, 2012. • BARTELS, L.M. *Unequal Democracy*: The Political Economy of the New Gilded Age. Princeton, N.J.: Princeton University Press, 2010.

Proteção e Cuidado ao Paciente à "necessidade política nos Estados Unidos de se depender do mercado privado para prover acesso ao serviço de saúde". Uma consequência são as contas "kafkianas" porque "mesmo o Medicare não tem permissão para negociar preços de remédios para as suas dezenas de milhares de beneficiários".

O problema da "impossibilidade política" já foi percebido antes. Assim, na campanha presidencial de 2004, segundo o *New York Times*, o candidato John Kerry "se esforçou [...] para dizer que seu plano para expandir o acesso ao sistema de saúde não criaria um novo programa do governo", porque "há muito pouco apoio político para uma intervenção do governo no mercado de planos de saúde nos Estados Unidos"[82].

Por que a intervenção do governo, mesmo a negociação do preço de remédios, "não é politicamente aceitável aqui"? Por que ela tem "muito pouco apoio político"? Como as urnas deixaram claro por anos, não é por conta da opinião pública. Bem pelo contrário, pois 85% do público dizem ser a favor de "permitir que o governo federal negocie com a indústria farmacêutica para tentar baixar os preços dos remédios para idosos". Quando o presidente Obama abandonou a opinião pública, tinha por volta de 60% de apoio popular. Nos últimos anos tem havido muito apoio público para um plano de saúde nacional do tipo já conhecido pelos países desenvolvidos e algumas vezes também pelos mais pobres. O apoio tem sido tão alto que nos últimos anos do Governo Reagan mais de 70% do público "pensavam que o sistema

---

82. ROSENTHAL, E. "Health Care's Road to Ruin". *New York Times*, 21/12/2013.
• HARRIS, G. "In American Health Care, Drug Shortages Are Chronic". *New York Times*, 31/10/2004.

de saúde deveria ser uma garantia constitucional", enquanto 40% "pensavam que já era"[83].

A compreensão tácita é que "apoio político" significa apoio das corporações farmacêuticas e das instituições financeiras. Eles determinam o que é "politicamente aceitável". Em resumo, a plutocracia, subindo ao nível da verdade necessária virtual.

Ou talvez, sendo mais gentil, é o que o pesquisador legal britânico Conor Gearty chama de "neodemocracia", uma parceira do neoliberalismo, um sistema em que a liberdade é desfrutada por poucos e a segurança no seu sentido pleno está disponível somente para a elite, mas dentro de um sistema de direitos formais mais gerais[84]. É uma sociedade que é livre no sentido hobbesiano, em que a pessoa "não é impedida de fazer o que ela tem desejo de fazer", e "se escolho não fazer algo meramente porque temo as consequências, isso não quer dizer que não sou livre para fazê-lo; meramente significa que eu não o quis, isto é, eu ainda sou livre", assim explica Hobbes. Se a escolha é a fome ou a servidão, e nada impede a escolha, então somos livres; é que meramente não escolhemos a fome, temendo as consequências.

Em contraste, um sistema verdadeiramente democrático procuraria atingir o ideal humboldtiano. Ele poderia muito bem ter o caráter de "uma aliança de grupos de homens e mulheres livres baseada no trabalho cooperativo e na administração planejada das coisas do interesse da comunidade",

---

83. *Kaiser Health Tracking Poll*, abr./2009. Sobre as votações, cf. CHOMSKY, N. *Failed States*: The Abuse of Power and the Assault on Democracy. Nova York: Metropolitan Books/Holt, 2006, cap. 6 [Ed. bras.: *Estados fracassados*. Rio de Janeiro: Bertrand Brasil, 2009 [Trad. Pedro Jorgensen Jr.]]. Sobre direito constitucional, cf. WIEBE, R.H. *Self-Rule*: A Cultural History of American Democracy. Chicago: University of Chicago Press, 1995, p. 239.

84. GEARTY, C. *Liberty and Security*. Malden, Mass.: Polity, 2013.

citando Rocker novamente. De fato, isso não está tão longe, pelo menos não de uma versão do ideal democrático. Uma versão. Eu me voltarei a outras.

Tome, por exemplo, John Dewey, cujas maiores preocupações sociais e políticas eram a democracia e a educação. Ninguém tomava Dewey por um anarquista. Mas considere suas ideias[85]. Na sua concepção de democracia, estruturas ilegítimas de coerção devem ser desmanteladas. Isso inclui, crucialmente, dominação pelos "negócios para lucro privado através do controle privado dos bancos, da terra, da indústria, reforçado pelo comando da imprensa, agentes de notícias e outros meios de publicidade e propaganda". Ele reconheceu que "o poder hoje reside no controle dos meios de produção, câmbio, publicidade, transporte e comunicação. Quem quer que os domine controla a vida do país", mesmo que formas democráticas permaneçam. Até que essas instituições estejam nas mãos do público, os políticos continuarão sendo "a sombra lançada sobre a sociedade pelas grandes empresas", como vemos hoje frequentemente.

Contudo, Dewey foi muito além de pedir por alguma forma de controle público. Numa sociedade livre e democrática, escreveu ele, os trabalhadores deveriam ser "os mestres de seu próprio destino industrial", não as ferramentas alugadas pelos empregadores, nem direcionados pelas autoridades estatais. Essa posição pode ser traçada até as principais ideias do liberalismo clássico articulado por Humboldt e Smith, entre outros, e ampliada na tradição anarquista.

Voltando-nos para a educação, Dewey sustentava que é "iliberal e imoral" treinar as crianças para trabalhar "não livre e inteligentemente, mas pelo bem do trabalho recebi-

---

85. Citações de WESTBROOK, R.B. *John Dewey and American Democracy*. Ithaca, NY: Cornell University Press, 1991.

do" – para atingir pontuação em testes, por exemplo – caso em que a atividade delas "não é livre porque não se participa livremente nela". Usando uma imagem que data do Iluminismo, a educação não deveria ser uma questão de se colocar água numa vasilha – e uma vasilha com muitos vazamentos, como todos sabemos, mas, ao contrário, pegando emprestado mais uma vez as ideias de Von Humboldt, a educação deveria ser concebida como algo que mostra um caminho ao longo do qual os aprendizes prosseguem por seus próprios meios, exercitando e melhorando sua capacidade criativa e sua imaginação, experienciando a alegria da descoberta.

Sob essas concepções, nas palavras de Dewey, a indústria deve ser mudada "de uma ordem feudal para uma social-democrata", e a prática educacional deveria ser planejada para encorajar a criatividade, a exploração, a independência, o trabalho cooperativo – bem ao contrário do que está acontecendo hoje.

Essas ideias levam muito naturalmente a uma visão de sociedade baseada no controle pelos trabalhadores das instituições produtivas, como imaginado por pensadores do século XIX, em especial por Marx, mas também por John Stuart Mill, que sustentava que "a forma de associação, contudo, que deve ser esperada como predominante, se a humanidade continuar a melhorar, é [...] a associação dos trabalhadores em termos de igualdade, possuindo coletivamente o capital com o qual sustentariam suas operações, e trabalhando com gerentes eleitos e escolhidos por eles mesmos"[86]. Essas deveriam ainda ser ligadas ao controle da comunidade

---

86. Mais sobre Mill e pontos de vista relacionados pode ser visto em ELLERMAN, D. "Workplace Democracy and Human Development: The Example of the Postsocialist Transition Debate". *Journal of Speculative Philosophy*, 24, n. 4, 2010, p. 333-353.

dentro de uma abordagem da livre-associação e organização federal, no estilo geral de uma gama de pensamento que inclui, juntamente com muitos anarquistas, o socialismo de corporação de G.D.H. Cole e a esquerda marxista antibolchevique e os desenvolvimentos correntes como a economia participativa e a política de Michael Albert, Robbin Hahnel, Steven Shalom, e outros, junto do trabalho importante na teoria e na prática pelo falecido Seymour Melman e seus colegas, e pelas valiosas contribuições recentes de Gar Alperovitz sobre o crescimento de empreendimentos pertencentes a trabalhadores e a cooperativas no Cinturão da Ferrugem americano e em outros lugares.

John Dewey era um ícone do pensamento americano. E, de fato, tais ideias estão profundamente enraizadas na tradição americana. Perseguindo-as, entramos no terreno da inspiração e, frequentemente, da luta amarga que acontece desde a aurora da Revolução Industrial no meio do século XIX. O primeiro estudo academicamente sério sobre o trabalhador industrial daqueles anos foi feito por Norman Ware há mais de noventa anos, cuja leitura é ainda muito válida[87]. Ele analisa as condições de trabalho hediondas impostas sobre artesãos e fazendeiros independentes até então, tanto quanto sobre as "garotas da fábrica", jovens mulheres das fazendas trabalhando na indústria têxtil nos arredores de Boston. Mas ele concentra a atenção principalmente na "degradação sofrida pelo trabalhador industrial", a perda de "*status* e independência", o que não podia ser anulado mesmo quando havia crescimento material; e na "revolução social capitalista radical na qual a soberania nos temas econômicos passou da comunidade como um todo para o

---

87. WARE, N. *The Industrial Worker, 1840-1860*: The Reaction of the American Industrial Society to the Advance of the Industrial Revolution [1924]. Chicago: Quadrangle Books, 1964.

domínio de uma classe especial de mestres", frequentemente distante da produção, um grupo "estranho aos produtores". Ware mostra que, "para cada protesto contra a máquina industrial, pode ser encontrada uma outra centena contra o novo poder da produção capitalista e da sua disciplina".

Os trabalhadores estavam fazendo greve não apenas por pão, mas também por rosas, por dignidade e independência, pelos seus direitos como homens e mulheres livres. Nos seus jornais, eles condenavam "a destrutiva influência de princípios monarquistas em solo democrático" que não será superada até "aqueles que trabalham nas fábricas as possuírem", e a soberania retornar aos produtores livres. Então, eles não serão mais "lacaios ou sujeitos humildes de um déspota estrangeiro, [os donos ausentes], escravos no sentido estrito da palavra [que] labutam [...] para seus mestres". Ao contrário, eles recuperarão seu estatuto de "cidadãos americanos livres".

A revolução capitalista instituiu uma mudança crucial, que foi desde os preços até os salários. Quando o produtor vendia seu produto por um preço, Ware escreve, "ele mantinha sua individualidade. Mas quando ele veio a vender seu trabalho, ele vendia a si mesmo" e perdia sua dignidade como indivíduo, dado que se tornava um escravo – "um escravo assalariado", termo comumente usado. Há 170 anos, um grupo de mulheres habilidosas em Nova York repetia a visão comum de que um salário diário é uma forma de escravidão. Elas advertiam, perceptivelmente, que chegaria o dia em que os escravos assalariados "chegariam ao ponto de esquecer o que se deve à humanidade e à glória num sistema forçado sobre eles pelas suas necessidades e em oposição aos seus sentimentos de independência e autorrespeito" – um dia que elas acreditavam estar "muito distante".

Ativistas dos direitos dos trabalhadores advertiam sobre o novo "espírito da época: ganhar riqueza, esquecendo todos, menos a si mesmo". Em clara reação a esse espírito degradante, os movimentos crescentes de trabalhadores e fazendeiros radicais, os movimentos democráticos e populares mais significativos na história americana eram dedicados à solidariedade e à ajuda mútua[88] – uma batalha que está longe do fim, apesar dos reveses e da frequente repressão violenta.

Defensores da revolução radical da escravidão assalariada argumentam que o trabalhador deveria se orgulhar de um sistema de contratos livres, voluntariamente assumidos. Para eles, Shelley tinha uma resposta dois séculos atrás, no seu grande poema *Masque of Anarchy* ["A máscara da anarquia"], escrito após o massacre de Peterloo, quando a cavalaria britânica atacou brutalmente uma manifestação pacífica de dezenas de milhares que pediam uma reforma no parlamento.

Sabemos o que a escravidão é, Shelly escreveu:

Tis to work and have such pay	É para trabalhar e ter esse pagamento
As just keeps life from day to day	Que só mantém o cotidiano sustento
In your limbs, as in a cell	Nos seus membros, como numa cela
For the tyrants' use to dwell,	Que os tiranos usam para habitar,
...	...

---

88. Cf., entre outros, GOODWYN, L. *The Populist Moment*: A Short History of the Agrarian Revolt in America. Nova York: Oxford University Press, 1978.

Tis to be slave in soul	É para ser na alma escravo
And to hold no strong control	E não possuir controle bravo
Over your own wills, but be	Sobre os próprios desejos, mas ser
All that others make of ye.	Tudo o que os outros fazem de vós.

Os artesãos e as garotas das fábricas que lutaram por dignidade, independência e liberdade poderiam muito bem ter conhecido os versos de Shelley. Observadores notaram que eles tinham boas livrarias e possuíam conhecimento das obras clássicas da literatura inglesa. Antes que a mecanização e que o sistema de salários enfraquecessem a independência e a cultura, Ware relata, uma oficina poderia ser um *liceu*. Os artesãos poderiam contratar garotos para ler para eles enquanto trabalhavam. O seu local de trabalho era um "negócio social", com muitas oportunidades para leitura, discussão e enriquecimento mútuo. Juntamente com as garotas das fábricas, eles reclamavam amargamente do ataque à sua cultura. O mesmo era verdade na Inglaterra, um tema discutido no estudo monumental de Jonathan Rose sobre os hábitos de leitura da classe trabalhadora da época[89]. Ele contrasta "a apaixonada busca do conhecimento pelos autodidatas do proletariado" com "o penetrante filistinismo da aristocracia britânica". Eu sou velho o suficiente para lembrar resíduos entre os trabalhadores em Nova York, que estavam imersos na alta cultura da época durante o fosso da Grande Depressão.

---

89. ROSE, J. *The Intellectual Life of the British Working Classes*. New Haven, Conn.: Yale University Press, 2002.

Eu mencionei que Dewey e os trabalhadores americanos sustentavam uma versão de democracia com elementos libertários fortes. Mas a versão dominante tem sido bem diferente. Sua expressão mais instrutiva está no fim gradual do espectro intelectual convencional, entre eles bons intelectuais liberais da era Wilson-FDR-Kennedy. Aqui estão umas poucas citações representativas.

O público é formado por "ignorantes e forasteiros intrometidos [que] devem ser postos no seu lugar". As decisões devem estar nas mãos da "minoria inteligente [dos] homens responsáveis", que devem ser protegidos "do pisoteamento e dos rugidos da horda confusa". A horda não possui uma *função*. Sua tarefa é emprestar seu peso de tempos em tempos para que os homens responsáveis escolham, mas fora isso sua função é ser "espectador, e não participante da ação". Tudo pelo próprio bem deles. Não devemos sucumbir aos "dogmatismos democráticos sobre homens sendo os melhores juízes dos seus próprios interesses". Eles não são. Nós somos: nós, os homens responsáveis. Portanto, atitudes e opiniões devem ser moldadas e controladas. Devemos "disciplinar as mentes dos homens da forma como um exército disciplina seus soldados". Em particular, devemos introduzir mais disciplina nas instituições responsáveis pela "doutrinação dos jovens". Se isso for alcançado, então será possível evitar períodos perigosos como os anos de 1960, "o tempo dos problemas" no discurso da elite convencional. Seremos capazes de atingir mais "moderação na democracia" e retornar aos melhores dias quando "Truman era capaz de governar o país com a cooperação de um número relativamente pequeno de advogados e banqueiros de Wall Street".

Essas são citações de ícones do *establishment* liberal: Walter Lippmann, Edward Bernays, Harold Lasswell, Samuel

Huntington e a Comissão Trilateral, que ocupou vários cargos no Governo Carter[90].

Essa concepção chocante de democracia tem raízes sólidas. Os pais fundadores estavam muito preocupados com os perigos da democracia. Nos debates da Convenção Constitucional, o principal organizador, James Madison, advertiu sobre esses perigos. Tomando a Inglaterra naturalmente como seu modelo, ele observou que, "na Inglaterra, hoje em dia, se as eleições fossem abertas a todas as classes de pessoas, a propriedade dos donos de terra estaria sob risco. Uma reforma agrária logo aconteceria", minando o direito à propriedade. Para evitar tal injustiça, "nosso governo deve garantir os interesses permanentes do país contra inovações", providenciando padrões de votação e conferências e contrabalanço de modo a "proteger a minoria abastada contra a maioria", a principal tarefa de um governo decente[91].

A ameaça à democracia tomou ainda proporções maiores por conta do provável aumento na "proporção daqueles que trabalharão sob todas as dificuldades da vida e secretamente suspiram por uma distribuição mais igualitária de suas bênçãos", como Madison antecipou. Talvez, influenciado pela rebelião de Shay, ele advertiu que "leis igualitárias

---

90. LIPPMANN, W. "The Phantom Public". In: ROSSITER, C. & LARE, J. (eds.). *The Essential Lippmann*: A Political Philosophy for Liberal Democracy. Cambridge, Mass.: Harvard University Press, 1982, p. 91-92. • BERNAYS, E. *Propaganda*. Nova York: Liveright, 1928. • LASSWELL, H. "Propaganda". In: SELIGMAN, E. (ed.). *Encyclopedia of the Social Sciences*. Nova York: Macmillan, 1937. • CROZIER, M.J.; HUNTINGTON, S.P. & WATANUKI, J. *The Crisis of Democracy*: Report on the Governability of Democracies to the Trilateral Commission. Nova York: New York University Press, 1975.

91. ELLIOT, J. (ed.). *The Debates in the Several State Conventions on the Adoption of the Federal Constitution, 1787* [Disponível em http://oll.libertyfund.org/titles/1904]. Para referências adicionais sobre Madison e suas fontes, cf. CHOMSKY, N. "Consent Without Consent: Reflections on the Theory and Practice of Democracy". *Cleveland State Law Review*, 44, n. 4, 1996, p. 415-437.

de sufrágio" poderiam com o tempo mudar o poder de mãos. "Nenhuma tentativa agrária já foi feita nesse país", ele continua, "mas os sintomas de uma elevação do espírito são suficientemente aparentes em certos lugarejos para dar o aviso do perigo futuro". Por essas razões, Madison sustentava que o Senado, o principal assento do poder no sistema constitucional, "deveria advir dela e representar a riqueza da nação", "o conjunto de homens mais capazes", e que outras restrições no jogo democrático deveriam ser instituídas.

O imbróglio de Madison continuou a preocupar líderes do governo. Em 1958, por exemplo, o Secretário de Estado John Foster Dulles ponderou sobre as dificuldades que os Estados Unidos estavam enfrentando na América Latina. Ele expressou sua ansiedade com a habilidade que os comunistas domésticos tinham em "conseguir o controle dos movimentos de massa", que nós "não temos a capacidade de replicar". Sua vantagem é que "as pessoas pobres são aquelas que eles atraem e eles sempre desejaram pilhar os ricos"[92]. De modo algum nós podemos competir com eles na compreensão de que o governo deve "proteger a minoria abastada da maioria". Essa incapacidade de espalhar nossa mensagem regularmente nos força a recorrer à violência, contrariamente aos nossos princípios mais nobres e para nosso muito sincero pesar.

Para ter êxito em "elaborar um sistema que desejamos dure por eras", Madison sustentava, seria necessário garantir que os legisladores pertencessem à minoria abastada. Então seria possível "garantir os direitos de propriedade contra o perigo de um sufrágio universal igualitário, proporcionando

---

92. "John Foster Dulles, telephone call to Allen Dulles, 19/06/1958". *Minutes of Telephone Conversations of John Foster Dulles and Christian Herter*. Eisenhower Presidential Library, Museum, and Boyhood Home. Abilene, Kansas.

poder completo sobre a propriedade nas mãos de quem não tem parte nela". A expressão "direito de propriedade" era usada regularmente para significar direito *da* propriedade – isto é, os direitos dos donos das propriedades. Muitos anos depois, em 1829, Madison refletia que daqueles "sem propriedade, ou esperança de adquiri-la, não se poderia esperar que tivessem simpatia suficiente com seus direitos, para serem depositários seguros do poder sobre eles". A solução era garantir que a sociedade fosse fragmentada, com participação pública limitada na arena política, que está efetivamente nas mãos dos ricos e de seus representantes. A academia normalmente concorda que a "Constituição era intrinsecamente um documento aristocrata elaborado de acordo com as tendências democráticas da época", entregando o poder a uma "melhor classe" de pessoas e excluindo "do exercício do poder político aqueles que não eram ricos, bem-nascidos, ou proeminentes"[93].

Em defesa de Madison, devemos lembrar que ele "era – em profundidade algo que hoje mal somos capazes de imaginar – um cavalheiro honrado do século XVIII"[94]. Seria o "estadista iluminado" e o "filósofo benevolente" quem, ele antecipava, teriam as rédeas do poder. Idealmente, "os puros e nobres", esses "homens de inteligência, patriotismo, propriedade e circunstâncias independentes" seriam um "corpo de cidadãos escolhidos, cuja sabedoria pode discernir melhor os verdadeiros interesses do seu país e cujo patriotismo e amor pela justiça seriam os menos prováveis de serem sacrificados por considerações parciais ou temporárias". Eles

---

93. BANNING, L. *The Sacred Fire of Liberty*: James Madison and the Founding of the Federal Republic. Ithaca, NY: Cornell University Press, 1995, p. 245, citando WOOD, G.S. *The Creation of the American Republic, 1776-1787*. Chapel Hill: University of North Carolina Press, 1969.

94. BANNING, L. *Sacred Fire of Liberty...* Op. cit., p. 333.

iriam assim "refinar" e "ampliar" as "opiniões públicas", salvaguardando o interesse público contra os "desmandos" das maiorias democráticas.

Não foi exatamente o que aconteceu.

O problema que Madison percebeu com a democracia tinha sido reconhecido muito antes por Aristóteles, no primeiro grande trabalho de ciência política: *Política*. Analisando uma variedade de sistemas políticos, ele concluiu que a democracia era o melhor – ou talvez o menos pior dos sistemas –, mas ele reconhecia uma falha: a grande massa pobre poderia usar o seu poder de voto para tomar o poder dos ricos, o que seria injusto. Madison e Aristóteles enfrentaram o mesmo problema, mas escolheram soluções opostas: Aristóteles aconselhava a reduzir a desigualdade, o que poderíamos considerar como medidas de bem-estar social; Madison sentia que a resposta era reduzir a democracia.

O conflito entre essas concepções de democracia já estava na primeira revolução democrática moderna, na Inglaterra do século XVII, quando uma guerra eclodiu entre os adeptos do rei e do parlamento. A nobreza, os "homens da melhor qualidade", como eles chamavam a si mesmos, ficou horrorizada com a multidão que não queria ser governada por um rei ou por parlamento, mas, ao invés disso, "por homens comuns como eles mesmos, que conhecem nossas necessidades". Seus panfletos explicavam que "nunca será um mundo bom enquanto cavaleiros e nobres nos fizerem as leis, que são escolhidas por medo e não fazem nada, exceto nos oprimir, e não conhecem as agruras do povo"[95].

---

95. HILL, C. *The World Turned Upside Down*: Radical Ideas During the English Revolution. Nova York: Penguin, 1975, p. 60 [Ed. bras.: *O mundo de ponta-cabeça*: ideias radicais durante a Revolução Inglesa de 1640. São Paulo: Companhia das Letras, 1987 [Trad. Renato J. Ribeiro]].

A natureza essencial do conflito, que estava longe de terminar, foi capturada com simplicidade por Thomas Jefferson nos seus últimos anos, quando ele teve sérias preocupações sobre a qualidade e o destino do experimento democrático. Ele distinguiu entre "aristocratas e democratas". Os aristocratas são "aqueles que temem e desconfiam do povo e desejam recolocar todo o poder deles nas mãos das classes mais altas". Os democratas, em contraste, "se identificam com o povo, confiam neles, estimam-nos e consideram-nos como honestos e seguros, embora não sejam os mais sábios depositários do interesse público"[96].

Os intelectuais progressistas modernos, que anseiam por "colocar o público no seu lugar" e são livres de "dogmatismos democráticos" sobre a capacidade dos "ignorantes e forasteiros intrometidos" de entrar na arena política, são os "aristocratas" de Jefferson. Suas visões básicas são amplamente mantidas até hoje, embora haja disputas sobre quem deveria exercer o poder principal: "os intelectuais politicamente orientados e tecnocratas" com "conhecimento progressivo da sociedade", ou banqueiros e executivos de corporações. Ou, em outras versões, o Comitê Central, ou o Conselho de Guardiães dos Clérigos. Todas essas são instâncias de "tutela política" que a tradição libertária genuína procura desmantelar e reconstruir de baixo para cima, ao mesmo tempo em que muda a indústria "de uma ordem feudal para uma social-democrata" baseada no controle dos trabalhadores, respeitando a dignidade do produtor como um genuíno indivíduo, não como uma ferramenta na mão de outros, em consonância com uma tradição libertária que tem suas raízes profundas – e, como a velha toupeira de

---

96. Apud SELLERS, C. *The Market Revolution*: Jacksonian America, 1815-1846. Nova York: Oxford University Press, 1991, p. 269-270.

Marx, está sempre próxima à superfície, sempre pronta para espiar do outro lado, algumas vezes de forma inesperada e surpreendente, procurando estimular o que me parece pelo menos uma aproximação razoável do bem comum.

4 | OS MISTÉRIOS DA NATUREZA
O quão escondidos estão?

O título para este capítulo foi retirado das observações de Hume sobre Isaac Newton, que ele chamou de "o maior e mais raro gênio que jamais surgiu para o ornamento e instrução da espécie". No julgamento de Hume, a grande contribuição de Newton foi que enquanto ele "parecia retirar o véu de alguns dos mistérios da natureza, ao mesmo tempo mostrou as imperfeições da filosofia mecanicista; e, por conseguinte, colocou os segredos definitivos [da natureza] de volta naquela obscuridade, onde eles sempre estiveram e onde permanecerão para sempre". Em bases diferentes, outros chegaram a conclusões similares. Locke, por exemplo, observou que o movimento tem efeitos "que de forma alguma poderíamos conceber como capaz de produzir" – tal como Newton de fato tinha demonstrado pouco antes. Dado que permanecemos numa "ignorância incurável do que desejamos saber" sobre a matéria e seus efeitos, Locke concluía, "nenhuma ciência dos corpos [está] ao nosso alcance", e somente podemos apelar para "a arbitrária determinação daquele Agente Onisciente que os criou para ser, e operar de tal maneira, de um modo completamente acima do que nosso fraco entendimento conceberia"[97].

---

97. HUME, D. *The History of England...* Op. cit., cap. 71, p. 6. • LOCKE, J. *An Essay Concerning Human Understanding.* Op. cit., 1689, livro 4, cap. 3. Os motivos de Locke, claro, não eram os de Hume, mas dependiam dos limites das "ideias simples que recebemos das sensações e da reflexão", o que evita que compreendamos a natureza do corpo ou da mente (espírito).

Acredito que é válido nos determos nessas conclusões, seus motivos, seus resultados, e o que essa história sugere sobre as preocupações e pesquisas atuais acerca da filosofia da mente.

A filosofia mecanicista que Newton havia enfraquecido estava baseada no entendimento da natureza e da interação dos objetos pelo nosso senso comum, em grande parte geneticamente determinada e, me parece, gerando reflexivamente tais propriedades percebidas como a persistência dos objetos através do tempo e do espaço e, como corolário, a coesão e continuidade deles[98]; e causalidade através de contato, um traço fundamental da física intuitiva: "o corpo, até onde podemos conceber, sendo capaz somente de atingir e afetar outro corpo, e movimento de acordo com o extremo alcance de nossas ideias, sendo capaz de produzir nada além de movimento", tal como Locke caracterizou plausivelmente a compreensão leiga do mundo – os limites de nossas "ideias", no sentido dele. A contraparte teórica era a concepção materialista do mundo que animava a revolução científica do século XVII, a concepção do mundo como uma máquina, simplesmente como uma versão gigantesca dos autômatos que estimulavam a imaginação dos pensadores da época, muito do modo como os computadores fazem hoje: os relógios notáveis, os artefatos construídos por mestres artesãos como Jacques de Vaucanson que imitavam o comportamento animal e as funções internas como a digestão, as máquinas ativadas hidraulicamente que tocavam instrumentos e pronunciavam palavras quando acionadas por visitantes caminhando através de jardins reais. A filosofia mecanicista objetivava dispensar as formas que flutuam pelo ar, simpatias e antipatias,

---

98. BAILLARGEON, R. "Innate Ideas Revisited: For a Principle of Persistence in Infants' Physical Reasoning". *Perspectives on Psychological Science*, 3, 2008, p. 2-13.

e outras ideias ocultas, e manter-se naquilo que está firmemente assentado no entendimento pelo senso comum e que lhe é inteligível. Como bem se sabe, Descartes alegava ter explicado os fenômenos do mundo material em termos mecanicistas enquanto também demonstrava que a filosofia mecanicista não era totalizante, nem alcançando o domínio da mente – de novo muito de acordo com a interpretação dualista pelo senso comum sobre si mesmo e sobre o mundo ao nosso redor.

I. Bernard Cohen observa que "há abundante evidência no *Principia* e no *Opticks* de Newton de sua adesão geral à filosofia mecanicista cartesiana"[99]. A palavra "geral" é importante. Newton foi muito influenciado pelas tradições neoplatônica e alquimista e também pelas consequências perturbadoras das suas próprias descobertas. Por essas razões, ele modificou algumas vezes a dicotomia cartesiana estrita da matéria e espírito, incluindo na última categoria "os agentes naturais responsáveis pelos movimentos 'violentos' da ação química e elétrica e até mesmo, talvez, pelo movimento acelerado em geral", como Ernan McMullin mostra em uma análise cuidadosa da evolução da luta de Newton com os paradoxos e dificuldades que procurou resolver. Nas próprias palavras de Newton, "o espírito" poderia ser a causa de todos os movimentos na natureza, incluindo o "poder de mover nosso corpo através de nossos pensamentos" e "o mesmo poder nas outras criaturas vivas, [embora] como isso se dá e por quais leis não sabemos. Não podemos dizer que toda natureza não está viva"[100].

---

99. COHEN, I.B. *Revolution in Science*. Cambridge, Mass.: Harvard University Press, 1985, p. 155.
100. McMULLIN, E. *Newton on Matter and Activity*. Notre Dame, Ind.: Notre Dame University Press, 1978, p. 52ss. McMullin conclui que, por conta da oscilação de Newton no uso dos termos "mecânica", "espírito" e outros, é "equivocado [...] considerar Newton como um expoente da 'filosofia mecanicista'" (p. 73).

Dando um passo adiante, Locke acrescenta que não podemos dizer que a natureza não pensa. Na formulação que veio a ser repetida através do tempo como "a sugestão de Locke", ele escreve que "se a Matéria não foi feita por Deus para pensar é mais do que o homem pode saber. Pois não vejo contradição nisso, que o primeiro Ser Eterno pensante, ou Espírito Onipotente, poderia, se assim desejasse, conceder a certos sistemas de matéria insensível concebida, dispondo tal como ele acredita ser o melhor, alguns graus de sentido, percepção e pensamento". Além disso, assim como Deus acrescentou efeitos inconcebíveis ao movimento, não está "muito mais distante do nosso entendimento conceber que DEUS pode, se desejar, adicionar à matéria uma faculdade do pensamento, do que ele poderia adicionar-lhe outra substância com uma faculdade do pensamento". Não há qualquer justificativa, então, para se postular uma segunda substância cuja essência seja o pensamento. E em outro lugar, "não há contradição [que Deus poderia] dar a alguns pedaços de matéria, dispondo como ele achar melhor, um poder de pensar e se mover [que] poderia ser apropriadamente chamado espírito, em contraposição à matéria não pensante", uma visão que ele acha "repugnante à *ideia* da matéria insensível", mas que não podemos rejeitar, dada nossa ignorância incurável e os limites de nossas ideias (capacidades cognitivas). Não tendo nenhum conceito inteligível de "matéria" (corpo etc.), não podemos ignorar a possibilidade da matéria viva ou pensante, particularmente após Newton ter enfraquecido o entendimento de senso comum[101].

---

101. LOCKE, J. *An Essay Concerning Human Understanding*. Op. cit. Cf. tb. correspondência com Edward Stillingfleet, citado em MIJUSKOVIC, B.L. *The Achilles of Rationalist Arguments*. The Hague: Nijhoff, 1974, p. 73. Sobre o desenvolvimento da "sugestão de Locke" ao longo do século XVIII, culminando no trabalho de Joseph Priestley (discutido posteriormente), cf. YOLTON, J.W. *Thinking Matter...* Op. cit.

A sugestão de Locke foi levada ao longo do século XVIII, culminando no importante trabalho de Joseph Priestley, ao qual retornaremos. Hume, no *Tratado*, chegou à conclusão que "o movimento poderia ser, e de fato é, a causa do pensamento e da percepção", rejeitando argumentos conhecidos sobre a diferença absoluta em tipo e divisibilidade em bases gerais que "não somos jamais sensíveis a qualquer conexão entre causas e efeitos e que, somente por nossa experiência da sua constante conjunção, podemos alcançar qualquer conhecimento da sua relação". De uma forma ou de outra, veio a ser reconhecido que, dado que "o pensamento, que é produzido no cérebro, não pode existir se esse órgão assim o desejar" e que não há mais uma razão para questionar a tese da matéria pensante, "é necessário considerar o cérebro como um órgão especial, desenvolvido especialmente para produzir [pensamento], como o estômago e os intestinos são desenvolvidos para executar a digestão, o fígado para filtrar a bile", e assim por diante no que toca os demais órgãos do corpo. Da mesma forma que o alimento entra no estômago e sai dele com

> novas qualidades, [assim] as sensações chegam ao cérebro, através dos nervos; então elas estão isoladas e sem coerência. O órgão entra em ação; age sobre elas, e logo as envia de volta transformadas em ideias, que a linguagem da fisionomia e do gestual, ou os sinais da fala e da escrita, manifestam externamente. Concluímos, então, com a mesma certeza, que o cérebro digere, por assim dizer, as sensações, *i.e.*, que organicamente ele as transforma na secreção do pensamento[102].

---

102. CABANIS, P.-J.-G. *On the Relations Between the Physical and Moral Aspects of Man*. Vol. 1 [1802]. Baltimore: Johns Hopkins University Press, 1981.

Ou como colocou Darwin sucintamente sobre o tema: "Por que o pensamento é, sendo uma secreção do cérebro, mais maravilhoso do que a gravidade, uma propriedade da matéria?"[103]

Deixando de lado os qualificativos, Newton aderiu em geral à filosofia mecanicista, mas também mostrou suas "imperfeições", de fato a destruiu, embora até o final da vida ele tenha procurado encontrar alguma forma de explicar o princípio místico de ação a distância que ele foi compelido a invocar para explicar os mais elementares fenômenos da natureza. Talvez, ele pensou, poderia haver "um espírito sutilíssimo que subsiste e reside oculto em todos os corpos vulgares", o que de algum modo produzirá uma explicação física da atração e da coesão e oferecerá esperança de resgatar um retrato inteligível do mundo[104].

Não devemos ignorar ligeiramente as preocupações dos "maiores e mais raros gênios que já surgiram para o ornamento e instrução da espécie", ou de Galileu e Descartes, ou de Locke e Hume. Ou dos contemporâneos de Newton mais cientificamente respeitáveis, que "inequivocamente culparam [Newton] por levar a ciência de volta para caminhos equivocados que pareciam ter sido abandonados definitivamente", escreve E.J. Dijksterhuis, no estudo clássico sobre o retrato mecanicista do mundo e seu colapso como uma doutrina substantiva. Christiaan Huygens descreveu o princípio da atração de Newton como um "absurdo". Gottfried Leibniz argumentava que Newton estava reintroduzindo ideias ocultas similares às simpatias e antipatias da

---

103. Apud RAMACHANDRAN, V.S. & BLAKESLEE, S. *Phantoms in the Brain*: Probing the Mysteries of the Human Mind. Nova York: Morrow, 1998, p. 227.
104. NEWTON, I. *Principia* – General Scholium [1713].

muito ridicularizada escolástica e que não estava oferecendo explicações *físicas* para os fenômenos do mundo material[105].

Newton concordava amplamente com seus contemporâneos da ciência. Ele escreveu que a noção de ação a distância é "inconcebível". Isso é "um Absurdo tão grande, que eu acredito que nenhum Homem que tenha uma Faculdade de pensar sobre questões filosóficas jamais se convenceria disso"[106]. Assim, admitimos que não compreendemos os fenômenos do mundo material. Como observa McMullin, "'compreender' queria dizer 'compreender em termos de mecânica de ação e contato', tal como seus críticos diziam"[107].

Para pegar um análogo contemporâneo, a noção absurda de ação a distância é tão inconcebível quanto a ideia de que "estados mentais são estados do cérebro", uma proposta que "nós realmente não entendemos [porque] ainda somos incapazes de formar uma concepção de *como* a consciência surge na matéria, mesmo que tenhamos certeza de que ela surge"[108]. De modo similar, Newton foi incapaz de formar uma concepção sobre como os mais simples fenômenos da natureza poderiam surgir na matéria – e eles não surgiam, dada a sua concepção de matéria, a versão teórica natural da compreensão pelo senso comum. Locke e outros concordavam, e Hume levava essa falha da conceptibilidade a um passo bem adiante ao concluir que Newton tinha colocado

---

105. DIJKSTERHUIS, E.J. *The Mechanization of the World Picture*: Pythagoras to Newton. Oxford: Clarendon, 1961 [Trad. C. Dikshoorn] [Princeton, NJ]: Princeton University Press, 1986, p. 479-480].

106. Ibid., p. 488. • "Isaac Newton to Richard Bentley, 1693". In: JANIAK, A. (ed.). *Newton*: Philosophical Writings. Cambridge: Cambridge University Press, 2004, p. 102-103.

107. Para uma análise mais detalhada, cf. McMULLIN, E. *Newton on Matter and Activity*. Op. cit., cap. 3.

108. NAGEL, T. "Searle: Why We Are Not Computers". In: *Other Minds*: Critical Essays, 1969-1994. Nova York: Oxford University Press, 1995, p. 106.

aqueles segredos derradeiros da natureza "de volta naquela obscuridade, onde eles sempre estiveram e onde permanecerão para sempre" – uma posição que podemos interpretar, naturalisticamente, como uma especulação sobre os limites das capacidades cognitivas humanas. À luz da história, parece haver pouca razão para se preocupar sobre a inconceptibilidade de relacionar a mente ao cérebro, ou sobre a conceptibilidade como um todo, pelo menos na pesquisa sobre a natureza do mundo. Nem há qualquer razão para reservas sobre uma "lacuna explicativa" entre o *físico* e a consciência, além das preocupações de unificação que surgiram durante os esforços para entender o mundo. E a menos que demos um novo sentido pós-newtoniano para o *físico*, há ainda menos razão para reservas sobre a "lacuna explicativa" do que nos casos em que há algum sentido claro para a base de redução assumida. A mais extrema dessas preocupações, e talvez a mais significativa para o desenvolvimento subsequente da ciência, é a lacuna explicativa que Newton descobriu e deixou sem solução, possivelmente um mistério permanente para os humanos, como Hume cogitou[109].

Claro que a ciência não acabou depois do colapso da noção de corpo (material, físico etc.). Ao contrário, ela foi reconstituída de um modo radicalmente novo, com questões de conceptibilidade e inteligibilidade ignoradas, pois não demonstram nada além das capacidades cognitivas humanas, embora essa conclusão tenha levado um bom tempo para se tornar firmemente estabelecida. Estágios posteriores na ciência introduziram mais "absurdos". A legitimidade dos passos é determinada por critérios de profundidade explica-

---

109. Para perspectivas variadas sobre a "lacuna explicativa", cf. STRAWSON, G. et al. *Consciousness and Its Place in Nature*: Does Physicalism Entail Panpsychism? Charlottesville, Va.: Imprint Academic, 2006 [Ed. Anthony Freeman].

tiva e suporte empírico, não por conceptibilidade e inteligibilidade do mundo que é retratado.

Thomas Kuhn diz que "não é falso, acredito, representar as intenções de Newton como cientista, sustentando que ele desejasse escrever um *Princípios de Filosofia* tal como Descartes o fez [isto é, ciência verdadeira], mas que sua falta de habilidade para explicar a gravidade o tenha forçado a restringir seu objeto aos *Princípios Matemáticos da Filosofia Natural*, [que] nem mesmo pretendia explicar por que o universo funciona como funciona", deixando a questão na obscuridade. Por essas razões, "levou quarenta anos para que a física newtoniana suplantasse firmemente a física cartesiana, mesmo nas universidades britânicas", e alguns dos mais hábeis físicos do século XVII continuaram a procurar uma explicação mecânico-corpuscular da gravidade – isto é, o que consideravam uma explicação *física* – como o próprio Newton fez. Nos anos posteriores, os positivistas retomaram todos os lados dos debates "por sua tolice em vestir o formalismo matemático [de teoria física] com o 'ornamento feliz' de uma interpretação física", um conceito que perdeu significado substancial[110].

A famosa frase de Newton "não faço hipóteses" aparece nesse contexto: reconhecendo que tinha sido incapaz de descobrir a causa *física* da gravidade, ele deixou a questão em aberto. Ele acrescenta que "para nós é suficiente que a gravidade realmente exista e atue de acordo com as leis que explicamos e que ela sirva abundantemente para explicar todos os movimentos dos corpos celestiais e do nosso oceano". Mas enquanto concorda que suas propostas eram

---

110. KUHN, T. *The Copernican Revolution*: Planetary Astronomy in the Development of Western Thought. Nova York: Random House, 1957, p. 259. • Heinrich Hertz, citado em McMULLIN, E. *Newton on Matter and Activity*. Op. cit., p. 124.

tão absurdas que nenhum cientista sério poderia aceitá-las, ele se defendia da acusação de que estaria se voltando para o misticismo de Aristóteles. Seus princípios, argumentava, não eram ocultos: "somente as suas causas são ocultas"; ou, esperava, estavam para ser descobertos em termos físicos, isto é, em termos mecanicistas. Para derivar indutivamente os princípios gerais dos fenômenos, ele continuava, "e posteriormente nos contar como as propriedades das ações de todos os corpos se seguem daqueles princípios manifestos, seria um enorme passo na filosofia, mesmo que as causas desses princípios não fossem ainda descobertas"[111].

Parafraseando com relação ao análogo contemporâneo que mencionei, "seria um enorme passo para a ciência explicar os aspectos mentais do mundo nos termos de princípios manifestos, mesmo se as causas desses princípios ainda não tenham sido descobertas" – ou, colocando a questão mais apropriadamente, mesmo se a unificação com outros aspectos da ciência não tiverem sido alcançados. Para aprender mais sobre aspectos mentais do mundo – ou químicos, ou elétricos, ou outros aspectos – devemos tentar descobrir "princípios manifestos" que parcialmente os expliquem, embora suas causas permaneçam desconectadas daquilo que consideramos como os aspectos mais fundamentais da ciência. A lacuna poderia ter muitas razões, entre elas, como tem sido descoberto repetidamente, a base de redução presumida foi malconcebida, incluindo o núcleo da física.

Historiadores da ciência reconheceram que os movimentos intelectuais relutantes de Newton mostraram uma nova visão de ciência em que o objetivo não é procurar por explicações definitivas, mas encontrar a melhor explicação teórica que pudermos dos fenômenos da experiência ou

---

111. DIJKSTERHUIS, E.J. *The Mechanization of the World Picture*. Op. cit., p. 489.

experimentais. Os objetivos mais limitados de Newton não eram inteiramente novos. Eles possuem raízes na tradição científica anterior que tinha abandonado a busca pelas "primeiras fontes do movimento natural" e de outros fenômenos naturais, mantendo o esforço mais modesto de desenvolver a melhor explicação teórica possível: o que Richard Popkin chama de "o ceticismo construtivo [...] formulado [...] em detalhes por [Marin] Mersenne e [Pierre] Gassendi", mais tarde no "ceticismo mitigado" de Hume. Nessa concepção, Popkin continua, a ciência procede ao "duvidar de nossas habilidades de encontrar bases para nosso conhecimento, enquanto aceita e aumenta o conhecimento em si mesmo" e reconhece que "os segredos da natureza, das coisas-em-si-mesmas, estão para sempre escondidas de nós" – "a ciência sem metafísica [...] que era para ter uma grande história nos anos mais recentes"[112].

Como o impacto das descobertas de Newton estava sendo absorvido lentamente, tal rebaixamento dos objetivos da empreitada científica se tornou rotina. Os cientistas abandonaram a ideia animadora da revolução científica anterior: que o mundo seria inteligível para nós. É suficiente construir teorias explicativas inteligíveis, uma diferença radical. Por essa época alcançamos a *Análise da Matéria*, de Bertrand Russell, em que ele abandona a própria ideia de um mundo inteligível, considerando-a "absurda" e repetidamente colocando a palavra "inteligível" entre aspas para destacar o disparate da busca. As reservas sobre a ação a distância eram "pouco mais do que um preconceito", ele escreve. "Se o mundo inteiro fosse constituído por bolas de bilhar, seria

---

112. POPKIN, R.H. *The History of Scepticism from Erasmus to Spinoza*. Berkeley: University of California Press, 1979, p. 139-140, 213 [Ed. bras.: *A história do ceticismo*: de Erasmo a Espinoza. Rio de Janeiro: Francisco Alves, 2000 [Trad. Danilo Marcondes]].

o que é chamado de 'inteligível' – *i.e.*, nunca nos surpreenderia o suficiente para nos fazer perceber que não entendemos isso"[113]. Mas mesmo sem surpresa externa, devemos reconhecer o quão pouco compreendemos o mundo e deveríamos também perceber que não faz diferença se podemos compreender como o mundo funciona. Na sua clássica introdução à mecânica quântica poucos anos depois, Paul Dirac escreveu que a ciência física não busca mais proporcionar retratos de como o mundo funciona, isto é, "um modelo funcionando na linha clássica essencial", mas busca somente proporcionar um "modo de olhar para as leis fundamentais que tornam sua autoconsistência óbvia". Ele estava se referindo às conclusões inconcebíveis da física quântica, mas poderia também rapidamente ter dito que mesmo os modelos newtonianos clássicos tinham abandonado a esperança de representar os fenômenos naturais inteligíveis, o objetivo principal da primeira revolução científica moderna, com suas raízes na compreensão pelo senso comum[114].

É útil reconhecer como foi radical abandonar a filosofia mecanicista – e com ela qualquer relevância científica das nossas crenças e concepções de senso comum, exceto como um ponto inicial que impulsionou a pesquisa. Peter Machamer, especialista em Galileu, observa que, ao adotar a filosofia mecanicista e iniciar a revolução científica moderna, Galileu "forjou um novo modelo de inteligibilidade para a compreensão humana, [com] novos critérios para as explicações coerentes dos fenômenos naturais", baseado na concepção de mundo como uma máquina elaborada. Para Galileu, e em geral para outras figuras importantes

---

113. RUSSELL, B. *Analysis of Matter*. Op. cit., p. 18-19, 162.
114. DIRAC, P. *Principles of Quantum Mechanics*. Oxford: Clarendon, 1930, p. 10. Devo a John Frampton essa referência.

na primeira revolução científica moderna, o verdadeiro entendimento requer um modelo mecânico, um dispositivo que um artesão poderia construir, portanto, algo inteligível para nós. Assim, Galileu rejeitava as teorias tradicionais das marés porque não conseguia "replicá-las através de dispositivos artificiais apropriados"[115].

O modelo de inteligibilidade que reinou de Galileu a Newton e depois deles tinha um corolário: quando o mecanismo falha, o entendimento falha. As aparentes inadequações da explicação mecanicista para a coesão, a atração e outros fenômenos levaram Galileu a finalmente rejeitar "a presunção vã de compreender tudo". Ainda pior, "Não há nenhum único efeito na natureza [...] tal que o mais genial estudioso não consiga chegar a um entendimento completo dele"[116]. Galileu estava formulando uma versão muito forte do que Daniel Stoljar chama de "a hipótese da ignorância", em sua pesquisa cuidadosa sobre o estudo contemporâneo dos problemas filosóficos em relação à consciência, concluindo que suas origens são epistêmicas e que eles são superados efetivamente usando-se a hipótese da ignorância – que para Galileu, Newton, Locke, Hume e outros era mais do que uma hipótese e se estendia bem além do problema da consciência, envolvendo as verdades da natureza em geral[117].

Embora muito mais otimista que Galileu sobre os prospectos para a explicação mecanicista, Descartes também reconheceu os limites do nosso alcance cognitivo. Na regra 8

---

115. MACHAMER, P. "Introduction" e "Galileo's Machines, His Mathematics, and His Experiments". *The Cambridge Companion to Galileo*. Cambridge: Cambridge University Press, 1998, p. 17, 69.

116. Citado em REDONDI, P. "From Galileo to Augustine". In: ibid., p. 175-210.

117. STOLJAR, D. *Ignorance and Imagination*: The Epistemic Origin of the Problem of Consciousness. Oxford: Oxford University Press, 2006. Lembre que Newton acreditava que poderia haver uma solução científica (*i.e.*, mecânica) para os problemas da matéria e do movimento.

do *Regulae*, lemos: "Se na série de sujeitos a serem examinados atingimos um sujeito do qual nosso intelecto não pode obter uma intuição boa o suficiente, devemos parar aí; e não devemos examinar as outras questões que se seguem, mas devemos nos abster de um trabalho inútil". Especificamente, Descartes cogitava que os trabalhos do *res cogitans* poderiam estar além do entendimento humano. Ele pensava que não poderíamos "ter inteligência suficiente" para entender o funcionamento da mente, em particular o uso normal da linguagem, com seus aspectos criativos, seu exemplo principal: a capacidade de todo ser humano, mas nenhuma besta-máquina, para usar a linguagem de modos apropriados a situações, mas não causada por elas, e para formular e expressar pensamentos coerentes sem limites, talvez "incitado ou inclinado" a falar de certos modos por circunstâncias internas e externas, mas não "compelidos" a fazê-lo, como seus discípulos expõem a questão[118].

Contudo, Descartes continuava, mesmo se a explicação do uso normal da linguagem e outras formas de escolha de ação livre e coerente estiverem além do nosso alcance cognitivo, isso não é motivo para questionar a autenticidade de nossa experiência. Em geral, "livre-arbítrio" é "a coisa mais nobre" que temos, Descartes sustentava: "não há nada que compreendemos mais evidentemente e mais perfeitamente", e "seria absurdo" duvidar de algo que "compreendemos intimamente, e experimentamos dentro de nós mesmos" (que "as ações livres dos homens [são] indeterminadas") meramente porque entra em conflito com algo a mais "que

---

118. Sobre esses tópicos, cf. CHOMSKY, N. *Cartesian Linguistics*... Op. cit. • CHOMSKY, N. *Language and Mind*. Op. cit., cap. 1. Note que as preocupações vão além da indeterminação da ação livre, como é particularmente evidente nos programas experimentais de Géraud de Cordemoy e outros sobre "outras mentes" (cf. CHOMSKY, N. *Cartesian Linguistics*... Op. cit.).

sabemos que deve ser por sua natureza incompreensível para nós" ("pré-ordenamento divino")[119].

Tais pensamentos sobre limites cognitivos não se alinham bem com a observação ocasional de Descartes de que a razão humana "é um instrumento universal, que pode servir para todas as eventualidades", considerando que os órgãos de um animal ou uma máquina "têm necessidade de alguma adaptação especial para qualquer ação determinada". Mas vamos deixar isso de lado e manter as conclusões mais razoáveis sobre limites cognitivos.

O uso criativo da linguagem era uma base para o que tem sido chamado de "o argumento epistemológico" para o dualismo corpo-mente e também para as pesquisas científicas dos cartesianos sobre o problema das "outras mentes" – muito mais sensato, acredito, do que os análogos contemporâneos, muitas vezes com base na interpretação de um artigo famoso de Alan Turing, um tópico que deixarei de lado[120].

Desmond Clarke é preciso, eu acho, ao concluir que "Descartes identificou o uso da linguagem como a propriedade fundamental que distingue os seres humanos de outros membros do reino animal e [que] ele desenvolveu este argumento para apoiar a distinção da mente e da matéria". Acho que ele também é persuasivo na interpretação do projeto cartesiano geral como principalmente "filosofia natural" (ciência), uma tentativa de levar a explicação mecânica aos seus limites; e ao considerar as *Meditações* "não como a

---

119. "René Descartes to Queen Christina of Sweden, 1647". In: ADAM, C. & TANNERY, P. (eds.). *Principia Philosophiae*. Paris: Cerf, 1905 [Oeuvres de Descartes, vol. 8]. Para discussão, cf. SCHMALTZ, T. *Malebranche's Theory of the Soul*: A Cartesian Interpretation. Nova York: Oxford University Press, 1996, p. 204ss.

120. CHOMSKY, N. "Turing on the 'Imitation Game'. In: SCHIEBER, S. (ed.). *The Turing Test*: Verbal Behavior as the Hallmark of Intelligence. Cambridge, Mass.: MIT, 2004, p. 317-321.

expressão oficial da filosofia de Descartes, mas como uma tentativa frustrada de conciliar sua filosofia natural, teologicamente suspeita, com uma expressão ortodoxa da metafísica escolástica"[121]. Ao perseguir sua ciência natural, Descartes tentou mostrar que explicação mecânica havia chegado muito longe, mas havia alcançado uma barreira intransponível em face de tais fenômenos mentais como o uso criativo da linguagem. Portanto, muito acertadamente, ele adotou o procedimento científico padrão de procurar alguns novos princípios para explicar esses fenômenos mentais – uma busca que perdeu sua motivação primária quando a explicação mecanicista se mostrou falha para tudo.

Clarke argumenta que "o dualismo de Descartes foi uma expressão da extensão da lacuna teórica entre [física cartesiana] e as descrições da vida mental que formulamos na perspectiva de primeira pessoa, do nosso próprio pensamento". A diferença, portanto, resulta do "conceito pobre de matéria" de Descartes e pode ser superada ao "incluir novas entidades teóricas no conceito de matéria"[122]. Se a última especulação é correta ou não, ela não captura bem as deficiências da ciência clássica de Galileu, passando por Newton e além deles. O conceito subjacente de matéria e movimento – baseado em conceptibilidade, inteligibilidade e entendimento de senso comum – teve de ser abandonado, e a ciência teve de prosseguir em um curso totalmente novo ao investigar os fenômenos mais simples do movimento e todos os outros aspectos do mundo, incluindo a vida mental.

Apesar da centralidade do uso criativo da linguagem para a ciência cartesiana, ele era apenas uma ilustração do

---

121. CLARKE, D. *Descartes's Theory of Mind*. Oxford: Clarendon, 2003, p. 12. Cf. tb. "René Descartes to Marin Mersenne, 1641" [sobre o objetivo das *Meditações*]. In: WILSON, M. *Descartes*. Boston: Routledge and Kegan Paul, 1978, p. 2.

122. CLARKE, D. *Descartes's Theory of Mind*. Op. cit., p. 258.

problema geral da vontade e da escolha de ações adequadas, que continua a ser tão misterioso para nós como foi para os cientistas do século XVII, é o que me parece, apesar dos sofisticados argumentos em contrário. Os problemas quase nem estão na agenda científica. Existem muitos trabalhos importantes sobre como um organismo executa um plano de ação motora integrado – digamos, como uma pessoa alcança um copo na mesa. Mas ninguém sequer levanta a questão de por que este plano é executado ao invés de algum outro, para além dos organismos muito mais simples e as circunstâncias especiais de motivação. Na percepção visual, acontece a mesma coisa. Os neurocientistas cognitivos Nancy Kanwisher e Paul Downing revisaram a pesquisa sobre um problema levantado em 1850 por Hermann von Helmholtz: "mesmo sem mover os nossos olhos, podemos focar nossa atenção à vontade em objetos diferentes, resultando em diferentes experiências perceptivas de um mesmo campo visual". A expressão "à vontade" aponta para uma área distante da pesquisa empírica, é ainda o mistério que foi para Newton no final de sua vida, quando ele continuou a procurar algum "espírito sutil" que está escondido em todos os corpos e que poderia, sem "absurdos", explicar suas propriedades de atração e repulsão, além de explicar a natureza e os efeitos da luz, a sensação e a maneira como "os membros dos corpos dos animais se movem ao comando da vontade" – todos eles mistérios comparáveis para Newton, estando talvez até mesmo além da nossa compreensão[123].

Tornou-se prática padrão nos últimos anos descrever o problema da consciência como o "problema difícil" – os outros estando ao nosso alcance, agora ou mais adiante. Acho

---

123. KANWISHER, N. & DOWNING, P. "Separating the Wheat from the Chaff". *Science*, 01/10/1998, p. 57-58. • NEWTON, I. *Principia* – General Scholium. Op. cit.

que há razões para algum ceticismo, particularmente quando reconhecemos como a compreensão agudamente declina para além dos mais simples sistemas da natureza. Para ilustrar com alguns exemplos, um artigo de revisão de literatura escrito por Eric Kandel e Larry Squire, sobre o estado atual dos esforços destinados a "quebrar as barreiras científicas para o estudo do cérebro e da mente", conclui que "a neurociência dos processos cognitivos superiores está apenas no início"[124]. Charles Gallistel afirma que "claramente não compreendemos como o sistema nervoso computa", tampouco "as bases de sua habilidade computacional" e nem mesmo "o pequeno conjunto de operações aritméticas e lógicas que são fundamentais para qualquer computação". Revendo as capacidades computacionais notáveis dos insetos, ele conclui que é um erro supor que o sistema nervoso não realize computações simbólicas complexas com base na "nossa incapacidade de ainda entender como o sistema nervoso calcula em nível celular e molecular. [...] Nós não sabemos quais processos pertencem ao conjunto de instruções básicas do sistema nervoso – o modesto número de operações elementares incluído no *hardware* de qualquer dispositivo de computação"[125]. Semir Zeki, que é otimista sobre as perspectivas para fazer as ciências do cérebro darem conta até mesmo da criatividade nas artes visuais, no entanto, nos lembra que "é um mistério compreender como o cérebro combina as respostas de células especializadas para indicar uma linha vertical contínua; um mistério para o qual a neurologia ainda

---

124. KANDEL, E.R. & SQUIRE, L.R. "Neuroscience". *Science*, 10/11/2000, p. 1.113-1.120.
125. GALLISTEL, C.R. "Neurons and Memory". In: GAZZANIGA, M.S. (ed.). *Conversations in the Cognitive Neurosciences*. Cambridge, Mass.: MIT, 1997, p. 71-89. • GALLISTEL. "Symbolic Processes in the Insect Brain". In: SCARBOROUGH, D. & STERNBERG, S. (eds.). *An Invitation to Cognitive Science* – Vol. 4: Methods, Models, and Conceptual Issues. Cambridge, Mass.: MIT, 1998, p. 1-51.

não tem solução", ou mesmo como uma linha é diferenciada de outras ou diferenciada do visual no entorno. Perguntas tradicionais básicas sequer estão na agenda de pesquisa, e mesmo aquelas simples, que poderiam estar ao nosso alcance, permanecem desconcertantes[126].

É comum afirmar que "o mental é o neurofisiológico em um nível mais alto". Cogitar a ideia faz sentido, mas para o presente, apenas como um guia à pesquisa, sem muita confiança sobre o que "o neurofisiológico" se provará ser, na verdade. Da mesma forma, é prematuro sustentar que "é empiricamente evidente que os estados de consciência são a consequência necessária da atividade neuronal". Muito pouco se compreende sobre o funcionamento do cérebro[127].

A história também sugere cautela. No início da ciência moderna, a natureza do movimento era o "problema difícil". Os "movimentos flexíveis ou elásticos" são o "problemão da filosofia", observava Sir William Petty, propondo ideias semelhantes àquelas que logo seriam muito mais ricamente desenvolvidas por Newton. O "problema difícil" era que corpos que parecem aos nossos sentidos estarem em repouso estão em um estado "violento", com "um grande esforço para voar ou repelir um ao outro", nas palavras de Robert Boyle. O problema, ele sentia, é tão obscuro quanto "a causa e a natureza" da gravidade, apoiando assim a sua crença em "um criador inteligente ou destruidor de coisas". Até mesmo Voltaire, um newtoniano cético, sustentava que a capacidade dos seres humanos de "produzir um movimento" onde não havia nenhum mostra que "existe um Deus que

---

126. ZEKI, S. "Art and the Brain". *Daedalus*, 127, n. 2, 1998, p. 71-104.
127. NAGEL, T. "Searle: Why We Are Not Computers". In: *Other Minds...* Op. cit., p. 106. Para algumas notas de advertência sobre "a separação lógica estrita entre o sistema nervoso e o restante do organismo", cf. ROCKLAND, C. "The Nematode as a Model Complex System". *MIT*, 14/04/1989, p. 30 [*Working paper*].

deu movimento" à matéria e que "até agora estamos longe de conceber o que a matéria é", tampouco sabemos se há qualquer "matéria sólida no universo". Locke entregou às mãos divinas "a gravitação da matéria em direção à matéria, por caminhos inconcebíveis para mim". Kant reformulou o "problema difícil", argumentando que, para chegar a suas conclusões, Newton foi compelido a "assumir [tacitamente] que toda matéria exerce esta força motriz [da atração universal] simplesmente por ser matéria e por sua natureza essencial"; ao rejeitar a hipótese, ele estava "em desacordo consigo mesmo", pego em contradição. Newton, portanto, como ele afirmou, não legou realmente "total liberdade aos físicos para explicar a possibilidade dessa atração, o que eles poderiam achar bom, sem misturar suas proposições com seu jogo de hipóteses". Pelo contrário, "o conceito de matéria é reduzido a nada além de forças motoras. [...] A atração essencial a toda a matéria é uma ação imediata de uma matéria em outra através do espaço vazio", uma noção que teria sido um anátema para as grandes figuras da ciência do século XVII, "mestres, como o grande Huygenius e o incomparável Sir Newton", nas palavras de Locke[128].

---

128. HENRY, J. "Occult Qualities and the Experimental Philosophy: Active Principles in Pre-Newtonian Matter Theory". *History of Science*, 24, 1986, p. 335-381. • KORS, A. "The Atheism of D'Holbach and Naigeon". In: HUNGER, M. & WOOTTON, D. (eds.). *Atheism from the Reformation to the Enlightenment*. Oxford: Clarendon, 1992, p. 273-300. • LOCKE, J. *An Essay Concerning Human Understanding*. Op. cit. • YOLTON, J.W. *Thinking Matter...* Op. cit., p. 199. Para Voltaire e Kant, cf. McMULLIN, E. *Newton on Matter and Activity*. Op. cit., p. 113, 122-123 (de KANT. *Metaphysical Foundations of Natural Science* [1786]). • FRIEDMAN, M. "Kant and Newton: Why Gravity Is Essential to Matter". In: BRICKER, P. & HUGHES, R.I.G. (eds.). *Philosophical Perspectives on Newtonian Science*. Cambridge, Mass.: MIT Press, 1990, p. 185-202. • STEIN, H. "On Locke, 'the Great Huygenius, and the Incomparable Mr. Newton'". In: ibid., p. 17-48. Friedman argumenta que não há contradição entre Newton e Kant, porque eles não querem dizer a mesma coisa com "essencial", com Kant descartando a metafísica de Newton e fazendo um argumento epistemológico dentro da sua "revolução copernicana na metafísica".

Os "problemas difíceis" da época não foram resolvidos; ao contrário, foram abandonados, como se, ao longo do tempo, a ciência tivesse voltado ao seu curso pós-newtoniano mais modesto. Friedrich Lange, na sua clássica história do materialismo do século XIX, observou que nós

> acostumamo-nos tanto às noções abstratas de forças, ou, ao contrário, a uma noção pairando em uma mística obscuridade entre a abstração e a compreensão concreta, que não encontramos mais qualquer dificuldade em fazer uma partícula de matéria agir sobre outra sem contato imediato, [...] através do espaço vazio sem qualquer ligação material. Dessas ideias os grandes matemáticos e físicos do século XVII estavam bem distantes. Eles eram até então materialistas genuínos, no sentido do materialismo antigo, tanto que tornaram o contato imediato uma condição de influência.

Essa transição no tempo é "uma das mais importantes reviravoltas em toda história do materialismo", retirando da doutrina muito de sua significância, se é que tinha alguma. Newton não só se juntou aos grandes cientistas de seu tempo ao considerar a "teoria agora dominante da *actio in distans* [...] simplesmente como absurda, [mas] também se sentiu obrigado, no ano de 1717, no prefácio da segunda edição da sua '*Ótica*', a protestar expressivamente contra a nova visão" dos seus discípulos que "foram longe ao ponto de declarar a gravidade como sendo uma força fundamental da matéria", não necessitando de nenhuma "explicação mecânica adicional para colisão e partículas materiais imponderáveis". Lange conclui que "o curso da história eliminou essa causa material desconhecida [que tanto incomodava Newton] e colocou a própria lei matemática na lista das causas físicas". Portanto, "o que Newton sustentava ser um absurdo tão grande que nenhum pensador filosófico poderia concluí-lo é apreciado pela posteridade como a grande descoberta da harmonia do universo de Newton!"[129] As conclusões são lugares-comuns na história da ciência. Cinquenta anos atrás, Alexandre Koyré observou que, apesar de sua relutância em aceitar a conclusão, Newton tinha demonstrado que "um padrão puramente materialista da natureza é totalmente impossível (e uma física puramente materialista ou mecanicista, como a de Lucrécio ou a de Descartes, é totalmente impossível, também)"; sua matemática física exigia a "admissão no corpo da ciência de 'fatos' incompreensíveis e inexplicáveis impostos sobre nós pelo empirismo", pelo que é observado e pelas nossas conclusões a partir dessas observações[130].

George Coyne descreve como "paradoxal que a ascensão do materialismo como filosofia nos séculos XVII e XVIII seja atribuída ao nascimento da ciência moderna, quando na realidade a matéria como um conceito viável tinha sido eliminada do discurso científico" com o colapso da filosofia mecanicista[131]. Também paradoxal é a influência da ridicularização de Gilbert Ryle do "fantasma na máquina", para além do rigor de sua interpretação dos conceitos cartesianos. Foi a máquina que Newton exorcizou, deixando o fantasma intacto. O "problema difícil" dos materialistas desapareceu e tem havido pouco progresso notável na abordagem de outros "problemas difíceis" que pareciam não menos misteriosos a Descartes, Newton, Locke e outras personalidades.

A terceira edição inglesa expandida da história do materialismo de Lange apareceu em 1925, com uma introdução

---

129. LANGE, F. *Geschichte des Materialismus und Kritik seiner Bedeutung in der Gegenwart* [1865]. 3. ed. Londres: Kegan Paul/Trench/Trubner, 1925 [Ed. expandida e traduzida como *The History of Materialism and Criticism of Its Present Importance*].

130. KOYRÉ, A. *From the Closed World to the Infinite Universe*. Baltimore: Johns Hopkins University Press, 1958, p. 210.

131. COYNE, G.V. "The Scientific Venture and Materialism: False Premises". In: *Space or Spaces as Paradigms of Mental Categories*. Milão: Carlo Erba, 2000, p. 7-19.

de Bertrand Russell, que pouco tempo depois publicou a *Análise da Matéria*. Desenvolvendo seu monismo neutro, Russell levou adiante o ceticismo dos séculos XVII e XVIII sobre a matéria e o reconhecimento da plausibilidade (ou para alguns necessidade) da matéria de pensamento. Russell sustentava que existiam "três graus de certeza. O grau mais alto pertence a minhas próprias percepções; o segundo grau, às percepções de outras pessoas; o terceiro, a eventos que não são percepções de ninguém", construções da mente estabelecidas no decurso de esforços para entender o que nós percebemos. Portanto, "um pedaço de matéria é uma estrutura lógica composta d[esses] eventos", concluiu. Nós não sabemos nada sobre as "características intrínsecas" de tais entidades construídas mentalmente, então não há "nenhuma base para entender que as percepções não podem ser eventos físicos". Para a ciência ser informativa não pode ser restrita ao conhecimento estrutural de tais propriedades lógicas. Em vez disso, "o mundo da física [que construímos] deve ser, em algum sentido, contínuo com o mundo de nossas percepções, uma vez que é esse último que fornece as evidências para as leis da física". As percepções que são necessárias para essa tarefa – talvez apenas leitura do medidor, Arthur Eddington argumentou pouco antes – "não se sabe que tenha qualquer caráter intrínseco que eventos físicos não possam ter, dado que nós não sabemos de qualquer caractere intrínseco que possa ser incompatível com as propriedades lógicas que a física atribui a acontecimentos físicos". Nesse sentido, "o que são chamados de eventos 'mentais' [...] fazem parte do material do mundo físico". A física em si procura apenas descobrir "o esqueleto causal do mundo, [enquanto estuda] percepções apenas em seu aspecto cognitivo; seus outros aspectos encontram-se fora de sua alçada" – embora reconheçamos sua existência, na verdade com o mais alto grau de certeza[132].

O enigma básico relembra um clássico diálogo entre o intelecto e os sentidos, em que o intelecto diz que a cor, a doçura e afins são apenas convenções, enquanto, na realidade, há somente átomos e o vazio, ao que os sentidos replicam: "Mente miserável, tomas de nós a prova que nos derrubará? Tua vitória é tua própria queda"[133].

Para ilustrar sua conclusão, Russell nos pede para considerar uma física cega que conhece toda a física, mas que não tem "o conhecimento que as pessoas [com visão] têm" sobre, digamos, a qualidade da cor azul. Em sua resenha de questões conexas, Daniel Stoljar e Yujin Nagasawa chamam isso de "conhecimento intuitivo", em oposição ao "argumento de conhecimento", apresentada na ressurreição do exemplo de Russell por Frank Jackson: nesse caso, a física (Mary) "aprende tudo o que há para saber sobre a natureza física do mundo" enquanto está confinada em uma sala em preto e branco; e quando sai "vai aprender como é ver algo vermelho"[134].

Há uma literatura substancial tentando escapar desse argumento. Uma proposta popular, embora contestada, é que o que falta à Mary não é o conhecimento do mundo que nós temos, mas uma gama de habilidades, uma espécie de "saber

---

132. RUSSELL, B. *The Analysis of Matter*. Op. cit., p. 37. Russell não desenvolveu como as percepções no seu aspecto cognitivo seriam assimiladas pelo "esqueleto causal do mundo", deixando-o aberto a um contra-argumento do matemático Max Newman ("Russell to Newman, 24/04/1928". In: *The Autobiography of Bertrand Russell* – Vol. 2: 1914-1944. Boston: Little Brown, 1967 [Ed. bras.: *A autobiografia de Bertrand Russell*. Rio de Janeiro: Civilização Brasileira, 1970 [Trad. José L. Melo]]).
133. Demócrito, citado em SCHRÖDINGER, E. *Nature and the Greeks*. Cambridge: Cambridge University Press, 1954, p. 89. Devo a Jean Bricmont essa referência.
134. STOLJAR, D. & NAGASAWA, Y. "Introduction". In: LUDLOW, P.; NAGASAWA, Y. & STOLJAR, D. (eds.). *There's Something About Mary*: Essays on Phenomenal Consciousness and Frank Jackson's Knowledge Argument. Cambridge, Mass.: MIT, 2004, p. 1-36.

como". Isso parece inútil, em parte porque há um elemento cognitivo irredutível em "saber como", que vai além das habilidades; mas também para os tipos de razões que Hume discutiu em relação aos julgamentos morais. Dado que estes, ele observou, são ilimitados no escopo e aplicáveis a situações novas, devem, então, ser baseados em um conjunto finito de princípios gerais (que são, além disso, parte de nossa natureza, embora estejam além dos "instintos originais" compartilhados com animais). O conhecimento que temos, mas que falta a Mary, é um corpo de conhecimentos que não se enquadra dentro da dicotomia saber-como/saber-que: é o conhecimento *de* – conhecimento das regras e princípios que rendem capacidades ilimitadas para agir adequadamente. Tudo isso é em grande parte inconsciente e inacessível à consciência, como no caso do conhecimento das regras da língua, da visão e afins. Essas conclusões foram rejeitadas por Willard Van Orman Quine, John Searle, e muitos outros, por uma questão de princípio, mas não convincentemente, ou mesmo coerentemente, eu acho[135].

O conhecimento intuitivo de Russell levou-o a concluir que a física tem limites. Afinal, a experiência em geral en-

---

135. Sobre Hume, cf. MIKHAIL, J. *Rawls' Linguistic Analogy*: A Study of the "Generative Grammar" Model of Moral Theory Described by John Rawls in *A Theory of Justice*. Cornell University, 2000 [Tese de doutorado]. • MIKHAIL, J. *Elements of Moral Cognition:* Rawls' Linguistic Analogy and the Cognitive Science of Moral and Legal Judgment. Cambridge: Cambridge University Press, 2011. • MIKHAIL, J. "Universal Moral Grammar: Theory, Evidence, and the Future". *Trends in Cognitive Sciences*, 11, n. 4, 2007, p. 143-152. Sobre a irrelevância (e como ela é formulada, até mesmo a incoerência) da doutrina da "acessibilidade à consciência", cf. CHOMSKY, N. *Reflections on Language*. Nova York: Pantheon, 1975 [Ed. bras.: *Reflexões sobre a linguagem*. São Paulo: Cultrix, 1980 [Trad. Carlos Vogt et al.]]. • CHOMSKY, N. *Rules and Representations*. Nova York: Columbia University Press, 1980). • CHOMSKY. N. *New Horizons in the Study of Language and Mind*. Cambridge: Cambridge University Press, 2000 [Ed. bras.: *Novos horizontes no estudo da linguagem e da mente*. São Paulo: Unesp, 2006 [Trad. Marco A. Sant'Anna]]. Sobre as regras da percepção visual, inacessível à consciência nos casos interessantes, cf. HOFFMAN, D.D. *Visual Intelligence...* Op. cit.

contra-se "fora de sua alçada" para além de aspectos cognitivos que fornecem evidência empírica, apesar de que, juntamente com outros eventos mentais, a experiência é "parte do material do mundo físico", uma frase que parece significar não mais do que "parte do mundo". Temos de ter "uma interpretação da física que dê um lugar adequado às percepções", Russell sustentava, senão isso não tem nenhuma base empírica. O argumento do conhecimento de Jackson o levou à conclusão de que o "fisicalismo é falso". Ou, em uma versão posterior, que, para ser válido, "o materialismo [como] uma doutrina metafísica" deve incorporar "a história psicológica sobre nosso mundo"; a "história sobre nosso mundo contada puramente em termos físicos [deve] permitir que se deduza a natureza fenomenal dos estados psicológicos"[136]. Mas isso não é informativo até que um conceito claro de fisicalismo/materialismo seja oferecido. Se as interpretações clássicas desaparecerem, as noções de corpo, material, físico dificilmente serão mais do que denominações honoríficas para o que é mais ou menos entendido em algum momento específico no tempo, com limites flexíveis e nenhuma garantia de que não haverá uma revisão radical mais adiante, mesmo em seu núcleo. Se for assim, o argumento do conhecimento só mostra (com Russell) que a física (humanamente construída) tem limites, ou que Mary não sabia tudo da física (ela não tinha chegado às conclusões corretas nas leituras do medidor de Eddington).

Para ressuscitar algo que se assemelha a um "problema mente-corpo" seria necessário caracterizar o *fisicalismo* (*matéria* etc.) de alguma forma pós-newtoniana, ou argumentar que o problema surge mesmo se esses conceitos forem

---

136. JACKSON, F. "What Mary Didn't Know" e "Postscript". In: LUDLOW, P.; NAGASAWA, Y. & STOLJAR, D. (eds.). *There's Something About Mary*, xv-xix, p. 410-442.

abandonados. Ambas as abordagens têm sido investigadas. Retornarei ao ponto com exemplos atuais. Uma abordagem alternativa é descartar o problema mente-corpo e aproximar o conhecimento intuitivo/do argumento como um problema das ciências naturais. Reformulando o experimento cognitivo de Russell, poderíamos dizer que, como todos os animais, nós temos capacidades internas que reflexivamente nos disponibilizam o que os etólogos chamaram de *Umwelt*, um mundo de experiências, diferente para nós e para as abelhas – na verdade, diferente entre os seres humanos, dependendo de como eles entendem. É por isso que a radiologia é uma especialidade médica. Galileu viu as luas de Júpiter através de seu telescópio primitivo, mas aqueles que ele procurou convencer podiam ver apenas a ampliação de objetos terrestres e tomaram seu telescópio por um truque de mágica (ao menos, é isso o que consta na reconstrução da história de Paul Feyerabend). O que eu escuto como ruído é percebido como música por meus netos adolescentes, em um nível relativamente primitivo de experiência perceptual. E assim por diante, de modo geral.

Sendo criaturas reflexivas, ao contrário das outras, vamos adiante procurando ganhar uma compreensão mais profunda dos fenômenos da experiência. Esses exercícios são chamados de mito, magia, filosofia ou ciência. Eles revelam não só que o mundo da experiência é altamente complexo e variável, resultante da interação de muitos fatores, mas também que os modos de interpretação que o senso comum intuitivo fornece não resistem à análise, tanto que os objetivos da ciência devem ser rebaixados para a forma reconhecida na ciência pós-newtoniana. Desse ponto de vista, não há nenhuma ciência objetiva de uma perspectiva de terceira pessoa, apenas várias perspectivas de primeira pessoa, com tanta correspondência entre os seres humanos que uma grande gama de concordância pode ser alcançada com pesquisa diligente e cooperativa. Sendo criaturas tão especulativas quanto curiosas, se conseguimos construir um grau de compreensão teórica em algum domínio, tentamos unificá-lo com outros ramos de pesquisa – a redução sendo *uma* possibilidade, não a única.

Podemos antecipar que nossa empreitada pode falhar, por uma razão, porque nossas capacidades compartilhadas básicas de compreensão e explicação têm limites – um truísmo que às vezes é ridicularizado sem pensar como "misterianismo", embora não por Descartes e Hume, entre outros. Pode ser que essas capacidades cognitivas inatas não nos levem para além de alguma compreensão do esqueleto causal do mundo de Russell (e o suficiente sobre percepção para incorporar a evidência dentro desta construção mental), e seja uma questão em aberto o quanto disso pode ser alcançado. Em princípio, os limites poderiam tornar-se tópicos de investigação empírica sobre a natureza do que poderíamos chamar de "faculdade de construção científica", outro "órgão mental". Esses são temas interessantes, mas as questões são distintas do problema mente-corpo tradicional, que evaporou depois de Newton, ou da questão de como aspectos mentais do mundo, incluindo a experiência direta, se relacionam com o cérebro, um dos muitos problemas de unificação que surgem nas ciências.

Em resumo, podemos dizer que, se nós somos organismos biológicos, não anjos, muito do que buscamos entender talvez esteja além de nossos limites cognitivos – talvez uma compreensão verdadeira de qualquer coisa, como Galileu concluiu, e Newton demonstrou em certo sentido. Que o alcance cognitivo tem limites é não apenas um truísmo, mas um truísmo afortunado: se não houvesse limites para a inteligência humana, faltaria a ela estrutura interna e, portanto, ela não teria nenhum escopo: não conseguiríamos descobrir nada pela pesquisa. Os pontos básicos foram expressos claramente por Charles Sanders Peirce em sua discussão da necessidade de uma dotação inata que "coloque um limite sobre hipóteses admissíveis", se o conhecimento é para ser adquirido[137]. Da mesma forma, se um zigoto não tiver mais instruções genéticas restringindo o seu caminho no desenvolvimento, na melhor das hipóteses ele cresceria se tornando uma criatura formada unicamente por leis físicas, como um floco de neve, nada viável.

Podemos entender as ciências naturais como uma espécie de convergência casual entre nossas capacidades cognitivas e aquilo que é mais ou menos verdade sobre o mundo natural. Não há nenhuma razão para acreditar que os seres humanos podem resolver todos os problemas que eles criam, tampouco que eles podem formular as perguntas certas; eles podem simplesmente não ter as ferramentas conceituais, assim como os ratos não podem lidar com um labirinto baseado em números primos.

As conclusões gerais de Russell me parecem estar no caminho certo. A formulação pode ser melhorada, creio eu, simplesmente retirando as palavras "matéria" e "física". Desde a revolução newtoniana, falamos do mundo "físico" tanto quanto falamos da verdade "real": apenas para dar ênfase, mas não acrescentando nada. Podemos distinguir vários aspectos do mundo – digamos, o aspecto químico, elétrico,

---

137. PEIRCE, C.S. "The Logic of Abduction". In: TOMAS, V. (ed.). *Essays in the Philosophy of Science*. Nova York: Liberal Arts Press, 1957. Para uma discussão das propostas de Peirce e falácias invocando a seleção natural que o levaram à crença infundada (e implausível) de que nosso "instinto de perguntar" nos leva a teorias verdadeiras, cf. CHOMSKY, N. *Language and Mind*. Op. cit., p. 90ss.

experiencial e o restante – e então podemos investigar seus princípios subjacentes e suas relações com outros sistemas, problemas da unificação.

Suponha que nós adotássemos o "ceticismo mitigado" que foi justificado depois de Newton, se não antes. Para a teoria da mente, isso significa seguir o conselho de Gassendi em *Objections*. Ele argumentou que Descartes tinha, no máximo, mostrado "a percepção da existência de mente, [mas] falhado ao revelar sua natureza". É necessário proceder como faríamos na busca para descobrir "uma concepção de vinho superior à vulgar", investigando como ele é constituído e as leis que determinam seu funcionamento. Da mesma forma, ele pediu a Descartes: "cabe a você examinar-se por um processo qualquer de tipo químico, para que possa determinar e nos demonstrar sua substância interna"[138] – e a dos outros.

A teoria da mente pode ser alcançada de várias maneiras, como outros ramos da ciência, tendo em vista uma eventual unificação, qualquer que seja a forma que possa tomar, se for o caso. Essa é a tarefa de que Hume se encarregou quando investigou o que ele chamou de "a ciência da natureza humana", buscando "as fontes secretas e os princípios pelos quais a mente humana é incitada em suas operações", incluindo aquelas "partes do [nosso] conhecimento" que são derivadas da "mão original da natureza", uma empreitada que ele comparou à de Newton; essencialmente, o que na literatura contemporânea é denominado de "naturalização da filosofia" ou "epistemologia naturalizada". O percurso recomendado de Gassendi na verdade estava sendo perseguido durante a "revolução cognitiva" do século XVII pelos neoplatônicos britânicos e filósofos

---

138. Citado em WILSON, M. *Descartes*. Op. cit., p. 95.

continentais da linguagem e da mente e tem sido abordada com vigor renovado nos últimos anos, mas eu vou deixar essa questão de lado[139].

A própria química seguiu esse curso muito explicitamente. O químico Joseph Black, do século XVIII, recomendava que a "afinidade química fosse recebida como um primeiro princípio, que não conseguimos explicar mais do que Newton conseguia explicar a gravitação e vamos adiar a explicação das leis de afinidade, até nós estabelecermos um corpo de doutrina tal como ele tinha estabelecido sobre as leis da gravitação". Estando ainda "muito longe do conhecimento dos primeiros princípios", a ciência química deveria ser "analítica, como a *Ótica* de Newton, na forma de uma lei geral, ao final da nossa indução, como a recompensa do nosso trabalho". O percurso que ele traçou é o que na verdade foi seguido, com a química estabelecendo um rico corpo de doutrina, seus "triunfos [...] construídos sobre nenhum fundamento reducionista, mas, ao contrário, alcançados em isolamento da recém-emergente ciência da física", observa o historiador da química Arnold Thackray. Newton e seus seguidores tentaram "perseguir a tarefa completamente newtoniana e reducionista de desvendar as leis matemáticas gerais que regem todo comportamento químico" e desenvolver uma ciência com princípios dos mecanismos químicos baseada na física e em seus conceitos de interação entre "as partículas permanentes derradeiras da matéria". Mas o programa newtoniano foi minado pela "surpreendentemente bem-sucedida quantificação de peso de unidades químicas"

---

139. HUME, D. *An Inquiry Concerning Human Understanding*. Vol. 2.1, 1772. Sobre os esforços modernos dúbios para formular o que tem sido um projeto razoavelmente claro, antes da separação da filosofia da ciência, cf. CHOMSKY. N. *New Horizons in the Study of Language and Mind*. Op. cit., p. 79-80, 144-145 e tb. os caps. 5 e 6.

de John Dalton, afirma Thackray, deslocando assim "todo o debate filosófico entre os químicos dos *mecanismos* químicos (o *porquê* da reação) para as *unidades* químicas (o *o quê* e o *quanto*)", uma teoria que "foi profundamente antifisicalista e antinewtoniana em sua rejeição da unidade da matéria e em sua destituição das forças de curto alcance". "As ideias de Dalton foram quimicamente bem-sucedidas. Por isso, desfrutaram do respeito da história, ao contrário dos esquemas reducionistas dos newtonianos, que eram filosoficamente mais coerentes, ainda que menos bem-sucedidos"[140].

Adotando a terminologia contemporânea, podemos dizer que Dalton desconsiderou a lacuna explicativa entre química e física, ignorando a física subjacente, tanto quanto os físicos pós-newtonianos desconsideraram a lacuna explicativa entre a dinâmica newtoniana e a filosofia mecanicista ignorando (e neste caso rejeitando) este último, apesar de ter sido autoevidente para o entendimento pelo senso comum. Desde então, esse tem sido muitas vezes o curso da ciência, embora não sem controvérsias e críticas agudas, mais tarde reconhecidas como seriamente equivocadas em vários momentos.

Até o século XX, cientistas proeminentes interpretaram o fracasso da redução da química à física como uma lacuna explicativa criticamente importante, mostrando que a química fornece "símbolos meramente classificatórios que resumem o curso observado de uma reação", para citar a história padrão de William Brock. August Kekulé, cuja química estrutural foi um passo importante em direção a uma eventual unificação da física e da química, duvidava que "constitui-

---

140. Sobre Joseph Black, cf. SCHOFIELD, R.E. *Mechanism and Materialism*: British Natural Philosophy in an Age of Reason. Princeton, N.J.: Princeton University Press, 1970, p. 226. • BROCK, W. *The Norton History of Chemistry*. Nova York: Norton, 1993, p. 271. • THACKRAY, A. *Atoms and Powers*. Cambridge, Mass.: Harvard University Press, 1970, p. 37-38, 276-277.

ções absolutas de moléculas orgânicas pudessem ser dadas"; seus modelos e sua análise de valência tiveram apenas uma interpretação instrumental, como dispositivos de cálculo. Antoine Lavoisier antes dele acreditava que "o número e a natureza dos elementos [é] um problema insolúvel, capaz de uma infinidade de soluções, nenhuma das quais provavelmente esteja de acordo com a Natureza"; "Parece muito provável que nós não sabemos praticamente nada sobre [...] [os] [...] átomos indivisíveis de que a matéria é composta", e nunca saberemos, acreditava ele. Kekulé parece estar dizendo que não é um problema a ser resolvido; as fórmulas estruturais são úteis ou não, mas o ponto não é realmente esse. Grande parte da física foi compreendida da mesma forma. Henri Poincaré chegou ao ponto de dizer que nós adotamos a teoria molecular dos gases só porque estamos familiarizados com o jogo de bilhar. O biógrafo científico de Ludwig Boltzmann especula que ele cometeu suicídio por causa de seu fracasso para convencer a comunidade científica a considerar sua abordagem teórica desses assuntos como algo mais do que um sistema de cálculo – ironicamente, pouco depois de o trabalho de Albert Einstein sobre o movimento browniano e questões mais vastas ter convencido os físicos sobre a realidade das entidades que ele postulou. O modelo de Niels Bohr do átomo foi também considerado como sem "realidade física" por eminentes cientistas. Na década de 1920, o primeiro americano vencedor do Prêmio Nobel de Química tratou a conversa sobre a verdadeira natureza das ligações químicas como um "disparate" metafísico: elas não são nada mais do que "um método muito grosseiro de representar certos fatos conhecidos sobre reações químicas, um modo de representação" somente, pois o conceito não podia ser reduzido à física. A rejeição desse ceticismo por alguns cientistas importantes, cujas opiniões foram julgadas na época como um absurdo conceitual, pavimentaram o caminho para a eventual unificação da química e da física, com a abordagem teórico-quântica da ligação química de Linus Pauling setenta anos atrás[141].

Em 1927, Russell observou que as leis químicas "no momento não podem ser reduzidas às leis da física"[142], um comentário que se descobriu ser enganoso: as palavras "no momento" acabaram por subestimar a questão. As leis químicas jamais poderiam ser reduzidas às leis da física, pois a concepção das leis da física estava errada. A lacuna explicativa percebida nunca foi preenchida. Era necessário, mais uma vez, rejeitar como irrelevante a noção de "conceptibilidade" e "inteligibilidade do mundo", em favor do ceticismo mitigado do naturalismo metodológico: buscando aumentar nosso conhecimento, enquanto se mantém uma mente aberta sobre a possibilidade de redução.

Há paralelos bastante claros com a discussão contemporânea sobre linguagem e a mente e algumas lições que podem ser extraídas daí. No estudo da representação simbólica dos insetos, a organização do comportamento motor, a visão dos mamíferos, a linguagem humana, o julgamento moral e outros tópicos é prudente em cada caso seguir o receituário de Joseph Black. Se estas pesquisas forem bem-sucedidas no

---

141. BROCK, E. *Norton History of Chemistry*. Op. cit. Para as fontes e discussões adicionais, cf. CHOMSKY. N. *New Horizons in the Study of Language and Mind*. Op. cit. • CHOMSKY, N. *Knowledge of Language:* Its Nature, Origins, and Use. Nova York: Praeger, 1986, p. 251-252. • LINDLEY, D. *Boltzmann's Atom*: The Great Debate That Launched a Revolution in Physics. Nova York: Free, 2001. Alguns argumentam que mesmo se a unificação teórico-quântica for bem-sucedida, "em algum sentido o programa de redução da química à física falha", em parte por causa dos "problemas práticos de intratabilidade" (CHRISTIE, M. & CHRISTIE, J. "'Laws' and 'Theories' in Chemistry Do Not Obey the Rules". In: BHUSHAN, N. & ROSENFIELD, S. (eds.). *Of Minds and Molecules*: New Philosophical Perspectives on Chemistry. Oxford: Oxford University Press, 2000, p. 34-50.

142. RUSSELL, B. *The Analysis of Matter*. Op. cit., p. 388.

desenvolvimento de um "corpo de doutrina" que explique elementos da navegação dos insetos, ou a regra que explique imagens em movimento sendo interpretadas (se outras regras permitirem) como movimentos rígidos em três dimensões, ou que operações de deslocamento nas línguas respeitam os princípios da localidade, e assim por diante, isso deve ser considerado como ciência normal, mesmo que a unificação com a neurofisiologia não tenha ainda sido alcançada – e pode não ser alcançada por uma gama de razões possíveis, entre elas porque a "base de redução" esperada está equivocada e tem de ser modificada. É desnecessário dizer que as ciências do cérebro não estão tão firmemente estabelecidas como a física básica estava um século atrás, ou como a filosofia mecanicista estava na época de Newton. Também é inútil insistir em doutrinas sobre acessibilidade à consciência: mesmo que se possa oferecer uma formulação coerente, elas não teriam nenhum suporte na "realidade física" das Condições de Localidade ou no princípio da rigidez[143]. Nós já deveríamos compreender o suficiente para rejeitar a interpretação das abordagens teóricas como nada mais do que uma forma de "representar certos fatos conhecidos sobre [o comportamento], um modo de representação" somente – uma crítica comumente levantada contra as teorias das faculdades mentais superiores, embora não contra a computação dos insetos, outro exemplo do dualismo

---

143. *Condições de Localidade*: grosseiramente, as Condições de Localidade dizem respeito às restrições existentes para o estabelecimento de relações sintáticas entre expressões dentro ou fora de uma construção sintática, *i.e.*, relações de concordância, movimento, ligação anafórica etc. Embora o termo esteja ligado ao empreendimento gerativo, várias abordagens se preocupam com essas restrições. • *Princípio da Rigidez*: diz respeito à nossa percepção visual. Testes mostram que vemos certos objetos como se movendo, mesmo que, de fato, os objetos estejam parados no estímulo visual [N.T.].

metodológico que é tão prevalente na discussão crítica dos estudos sobre a linguagem e a mente[144].

Também é instrutivo observar o ressurgimento de *insights* muito anteriores, embora divorciados de seus fundamentos no colapso do fisicalismo tradicional. Assim, podemos ler hoje na tese da nova biologia que "as coisas mentais, as mentes, de fato, são propriedades emergentes dos cérebros, [embora] essas emergências sejam [...] produzidas por princípios que [...] ainda não entendemos", de acordo com o neurocientista Vernon Mountcastle, formulando o tema norteador de uma coleção de ensaios que revisam os resultados da Década do Cérebro, que terminou o século XX. A frase "*ainda* não entendemos" poderia muito bem sofrer o mesmo destino de um comentário similar de Russell sobre a química setenta anos antes. Muitos outros cientistas proeminentes e filósofos apresentaram essencialmente a mesma tese como se fosse uma "hipótese surpreendente" da nova biologia, uma nova ideia "radical" na filosofia da mente, "a ousada afirmação de que fenômenos mentais são inteiramente naturais e causados pela atividade neurofisiológica do cérebro", abrindo as portas para pesquisas novas e promissoras, uma rejeição do dualismo mente-corpo cartesiano, e assim por diante[145]. Na verdade, todos reiteram, praticamente com as mesmas palavras, formulações de séculos atrás, após o problema mente-corpo tradicional ter se tornado informulável

---

144. Cf. nota 135. Algumas vezes os equívocos e distorções alcançam um nível surreal. Para alguns exemplos surpreendentes, cf. CHOMSKY, N. "Symposium on Margaret Boden, Mind as Machine: A History of Cognitive Science". Oxford, 2006. *Artificial Intelligence*, 171, 2007, p. 1.094-1.103. Sobre "a regra da rigidez e o teorema de [Shimon] Ullman", cf. HOFFMAN, *Visual Intelligence...* Op. cit., p. 159. É desnecessário dizer que a regra é inacessível à consciência.

145. MOUNTCASTLE, V.B. Brain Science at the Century's Ebb. In: "The Brain". *Daedalus*, 127, n. 2, 1998, p. 1 [num. especial]. Para as fontes, CHOMSKY. N. *New Horizons in the Study of Language and Mind*. Op. cit., cap. 5.

com o desaparecimento da única noção coerente de corpo (físico, material etc.) – por exemplo, a conclusão de Joseph Priestley de que propriedades "denominadas de mentais" se reduzem de alguma forma à "estrutura orgânica do cérebro"[146], tal como já haviam afirmado, com palavras diferentes, Hume, Darwin e muitos outros, algo quase inevitável, ao que parece, após o colapso da filosofia mecanicista.

O importante trabalho de Priestley foi a culminação de um século de reflexões sobre as especulações de Locke e seu desenvolvimento mais elaborado[147]. Ele deixou claro que suas conclusões sobre a matéria pensante se seguiam diretamente do colapso de qualquer noção séria de *corpo, matéria* ou *físico*:

> Os princípios da filosofia newtoniana não foram conhecidos mais cedo do que se viu em comparação com quão poucos dos fenômenos da Natureza se deviam à matéria sólida, e quanto aos poderes que apenas supostamente deveriam acompanhar e circundar as partes sólidas da matéria. [...] Agora que a solidez tinha aparentemente tão pouco a fazer no sistema, é realmente um milagre que os filósofos não tenham descoberto mais cedo [...] que poderia não existir esse tipo de coisa na Natureza.

Então, não existe qualquer razão para supor que "o princípio do pensamento ou da sensação [é] incompatível com

---

146. PRIESTLEY, J. "'Materialism' from *Disquisitions Relating to Matter and Spirit*" [1777]. In: PASSMORE, J. (ed.). *Priestley's Writings on Philosophy, Science, and Politics*. Nova York: Collier-Macmillan, 1965.

147. Ideias similares aparecem antes de Newton, particularmente em *Objections to the Meditations*, em que os críticos perguntam como Descartes poderia saber, "sem revelação divina [...] que Deus não tinha implantado em certos corpos um poder ou uma propriedade que os dotava com a dúvida, o pensamento etc." (WILSON, C. "Commentary on Galen Strawson". In: STRAWSON, G. et al. *Consciousness and Its Place in Nature*. Op. cit., p. 178).

a matéria", concluiu Priestley. Nesse sentido, "todo esse argumento sobre um princípio de pensamento imaterial no homem, com essa suposição, cai por terra; a matéria, destituída do que até agora tem sido chamado de solidez, sendo não mais incompatível com a sensação e com o pensamento do que a substância que, mesmo sem sabermos nada sobre ela, tem sido chamada de imaterial". Os poderes da sensação, da percepção e do pensamento residem em "um dado sistema organizado da matéria, [e] necessariamente existem nesse sistema e dependem dele". É verdade que "nós temos uma ideia muito imperfeita do que é o poder de percepção", e que nós não poderemos nunca alcançar uma "ideia clara", mas "essa própria ignorância deveria nos deixar cautelosos ao afirmar com que outras propriedades ele pode ou não existir". Apenas um "conhecimento definido e preciso da natureza da percepção e do pensamento pode autorizar qualquer pessoa a afirmar se eles não podem pertencer a uma substância estendida, que também tem as propriedades de atração e repulsão". Nossa ignorância não fornece nenhuma garantia para supor que a sensação e o pensamento são incompatíveis com a matéria pós-newtoniana. "Na verdade, há a mesma razão para concluir que os poderes da sensação e do pensamento são o resultado necessário de uma determinada organização, como o som é o resultado necessário de uma concussão particular do ar". E em uma discussão posterior, "na minha opinião, é a mesma razão para concluir que o cérebro *pensa*, tanto quanto ele é *branco* e *macio*"[148].

---

148. PRIESTLEY, J. "'Materialism' from *Disquisitions Relating to Matter and Spirit*". Op. cit. Para discussão adicional, cf. YOLTON, J.W. *Thinking Matter...* Op. cit., p. 113. Julien Offrey de La Mettrie chegou a conclusões parecidas, uma geração antes, mas em uma abordagem diferente e sem perseguir os argumentos cartesianos a que ele estava tentando responder. O mesmo vale para Gilbert Ryle e outras tentativas contemporâneas. Para alguma discussão, cf. CHOMSKY, N. *Cartesian Linguistics...* Op. cit.

Priestley critica Locke por ser hesitante em levar adiante sua especulação sobre a matéria pensante, dado que a conclusão segue-se tão diretamente das "regras universalmente aceitas do filosofar, tal como estabelecidas por Sir Isaac Newton". Ele nos estimula a abandonar o dualismo metodológico que não nos permite aplicar ao pensamento e à sensação as regras que seguimos "em nossas investigações sobre as causas das aparências particulares na natureza" e expressa sua esperança de "que, quando essa for claramente apontada, a inconsistência de nossa conduta não poderá deixar de nos afligir e de ser o meio de induzir" os filósofos a aplicar a mesma máxima na investigação dos aspectos mentais do mundo que eles fazem em outros domínios – uma esperança que ainda tem de ser concretizada, na minha opinião[149].

Priestley claramente "desejava que o desaparecimento da matéria sólida simbolizasse o fim do dualismo matéria-espírito", escreve Thackray. E com isso um fim a qualquer razão para questionar a tese da matéria pensante[150]. Nas palavras de John Yolton, a conclusão de Priestley foi "não que tudo se reduz à matéria, mas sim que o tipo de questão em que se baseia a visão de duas-substâncias não existe" e "com o conceito alterado de matéria, as formas mais tradicionais de se colocar a questão da natureza do pensamento e das suas relações com o cérebro não se encaixam. Temos de imaginar um complexo sistema biológico organizado com propriedades que a doutrina tradicional teria chamado de mentais

---

149. Para discussão e ilustrações, cf. CHOMSKY. N. *New Horizons in the Study of Language and Mind*. Op. cit. Sobre "hyperdualism", cf. STRAWSON, G. "Realistic Monism: Why Physicalism Entails Panpsychism". In: STRAWSON, G. et al. *Consciousness and Its Place in Nature*. Op. cit., p. 3-31.

150. THACKRAY, A. *Atoms and Powers*. Op. cit., p. 190. Os motivos de Priestley para receber bem "esse desenvolvimento extremo da posição de Newton" eram principalmente teológicos, conclui Thackray.

e físicas"¹⁵¹. As conclusões de Priestley são essencialmente aquelas alcançadas por Eddington e Russell e desenvolvidas nos últimos anos particularmente por Galen Strawson e Daniel Stoljar, de maneiras às quais retornaremos.

Revisando o desenvolvimento da sugestão de Locke na Inglaterra durante o século XVIII, Yolton observa que "as sugestões fascinantes de Priestley não foram retomadas e ampliadas; elas nem sequer foram entendidas como diferentes das versões anteriores do materialismo. As questões levantadas pela sugestão de Locke sobre a matéria pensante [...] foram descartadas durante o século, mas ninguém deu uma formulação sistemática à visão emergente – prefigurada por Priestley – do homem como uma substância"¹⁵². Essa conclusão permanece amplamente verdadeira, mesmo para os organismos simples, se nós a interpretarmos como referindo-se ao problema da unificação.

Depois de argumentar que o problema mente-corpo desaparece quando seguimos os "princípios da filosofia newtoniana", Priestley volta-se para o confronto com os esforços para reconstruir algo que se pareça com o problema, mesmo depois que um dos seus termos – corpo (matéria etc.) – não possui mais um sentido claro. O primeiro é "a dificuldade de conceber como o pensamento pode surgir da matéria, [...] um argumento que deriva toda a sua força de nossa ignorância", ele escreve; é um argumento que não tem qualquer força a menos que haja uma demonstração de que eles são "absolutamente incompatíveis um com o outro". Priestley não foi perturbado por dúvidas decorrentes

---

151. YOLTON, J.W. *Thinking Matter...* Op. cit., p. 114.

152. Ibid., 125. Para discussão, cf. os caps. 5 e 6. Yolton escreve que "não havia um La Mettrie britânico", mas exagera a contribuição de La Mettrie, acredito. Cf. nota 148.

da ignorância, justamente eu acho, não mais do que os cientistas deveriam ter se preocupado com a irredutibilidade das propriedades misteriosas da matéria e do movimento à filosofia mecanicista, ou, em tempos mais modernos, com a incapacidade de reduzir a química a uma física inadequada até a década de 1930, para ficar com dois momentos significativos da história da ciência.

Uma objeção comum hoje é que tais ideias invocam uma forma inaceitável de "emergência radical", diferente da emergência de líquidos a partir das moléculas, em que as propriedades dos líquidos podem, em algum sentido razoável, ser consideradas como inerentes nas moléculas. Na formulação de Nagel, "podemos *ver* como a liquidez é o resultado lógico das moléculas 'rolando uma envolta da outra' no nível microscópico", embora "nada comparável se espera no caso dos neurônios" e da consciência[153]. Também tomando a liquidez como um paradigma, Strawson argumenta extensivamente que a noção de emergência é inteligível somente se a interpretamos como uma "dependência total": se "alguma parte ou algum aspecto de Y [precipita-se] de algum outro lugar", então não podemos dizer que Y "emergiu de X". Podemos falar inteligivelmente sobre a emergência do fenômeno Y a partir de fenômenos não Y somente se os fenômenos não Y são, no mínimo, "de alguma forma *intrinsecamente adequados* para constituir" os fenômenos X; deve haver "algo sobre a natureza de X, motivo pelo qual eles são "tão adequados". "Está incorporada na noção de emergência que ela não pode ser bruta, no sentido em que não há motivo na natureza das coisas para explicar como a coisa emergente é como é". Esta é a *Tese da Não emergência Radical* de Strawson, da qual ele retira a conclusão panfísica que "a

---

153. NAGEL, T. "O'Shaughnessy: The Will". In: *Other Minds...* Op. cit., p. 94.

realidade da experiência não consegue possivelmente emergir de uma realidade que não seja completa e totalmente não experiencial". A alegação básica, que ele destaca, é que, "se realmente é verdade que Y emergiu de X, então deve ser o caso que Y é em algum sentido completamente dependente de X e somente de X, tanto que todos os traços de Y estão ligados inteligivelmente a X". Aqui "inteligível" é uma noção metafísica e não epistêmica, significando "inteligível a Deus": deve haver uma explicação na natureza das coisas, embora não possamos ser capazes de atingi-la"[154].

Priestley, me parece, rejeitaria o mal-estar de Nagel ao mesmo tempo em que aceitaria a formulação de Strawson, mas sem chegar à conclusão panfísica. Note que o exemplo da molécula-líquido, costumeiramente usado, não é muito elucidativo. Também não podemos conceber que um líquido transforme-se em dois gases por eletrólise, e não há nenhum sentido intuitivo no qual as propriedades da água, ácidos e bases sejam inerentes ao hidrogênio ou ao oxigênio ou a outros átomos. Além disso, toda a questão de conceptibilidade parece ser irrelevante, se isso é levantado em relação aos efeitos do movimento que Newton e Locke achavam ser inconcebíveis, ou os princípios irredutíveis da química, ou as relações mente-cérebro. Há algo sobre a natureza do hidrogênio e do oxigênio "em virtude dos quais eles são intrinsecamente adequados para que constituam a água", isso as ciências descobriram após longos trabalhos, fundamentando "na natureza das coisas por que razão o objeto emergente é como é". O que parecia "emergência bruta" foi assimilado na ciência como surgimento comum — não, deve ficar claro,

---

154. STRAWSON, G. "Realistic Monism" and "Panpsychism: Reply to Commentators with a Celebration of Descartes". In: STRAWSON, G. et al., *Consciousness and Its Place in Nature*. Op. cit., 3-31, 184-280. Os erros gráficos foram corrigidos (Strawson, c.p.). Para discussão adicional, cf. os ensaios neste volume.

da variedade líquida, dependendo de conceptibilidade. Não vejo bons motivos para que as coisas sejam de outro jeito no caso da realidade experiencial e não experiencial, especialmente dada a nossa ignorância dessa última, salientada desde Newton e Locke até Priestley, desenvolvida por Russell, e surgindo novamente na discussão recente.

Priestley, em seguida, considera a alegação de que mente "não pode ser material porque é influenciada por razões". A isso ele responde que dado que "as razões, sejam elas quais forem, de fato movem a matéria, há certamente muito menos dificuldade em conceber que elas podem fazer isso em consequência de ser o afeto de alguma substância material, do que sobre a hipótese de sua pertença a uma substância que não tem nenhuma propriedade comum com a matéria" – não da forma que seria colocado hoje, mas ele captura essencialmente o ponto da discussão contemporânea, levando alguns a reviver o pampsiquismo. Ao contrário do renascimento contemporâneo[155], contudo, Priestley rejeita a conclusão de que a consciência "não pode ser anexada ao todo cerebral como um sistema, enquanto as partículas de que consiste sejam separadamente inconscientes". Que "uma dada quantidade de sistema nervoso é necessária para essas ideias complexas e afeições como as que pertencem à mente humana; e a ideia de si, ou o sentimento que corresponde ao pronome eu", ele argumenta, "essencialmente não é diferente de outras ideias complexas, como a do nosso país, por exemplo". De modo similar, isso não deveria nos confundir mais do que o fato que "a vida deveria ser a propriedade de um sistema inteiramente animal, e não as partes separadas dele", ou que o som não pode ser "o resultado do movimento de uma única partícula" de ar. Deveríamos

---

155. STRAWSON, "Realistic Monism" and "Panpsychisms" [e comentários]. Op. cit.

reconhecer "que o termo si denota aquela substância que é a sede desse conjunto particular de sensações e ideias do qual fazem parte aquelas que são então recolhidas, distintas de outras substâncias que são a sede de conjuntos semelhantes de sensações e ideias": e "já é tempo de abandonar essas hipóteses aleatórias e formar nossas conclusões com relação às faculdades da mente, bem como com relação às propriedades e aos poderes da matéria, por uma observação atenta dos fatos e inferências cautelosas a partir deles", adotando o estilo newtoniano de investigação, enquanto considerações de plausibilidade de senso comum são rejeitadas. Essa parece ser uma postura razoável.

Priestley insiste que também descartemos argumentos baseados em "fraseologia vulgar" e "apreensões vulgares", como na busca por uma entidade do mundo escolhida pelo termo *mim* quando falo de "meu corpo", com sua sugestão de dualismo. "De acordo com este argumento meramente verbal", observa Priestley, "deve haver algo no homem além de todas as partes de que ele consiste", algo além da alma e do corpo, como quando "um homem diz eu dedico minha alma e corpo", é o pronome supostamente denotando algo além do corpo e do espírito que "faz a devoção". Nas palavras de Ryle, frases do uso comum podem ser "expressões sistematicamente equivocadas", uma preocupação bem viva na época, baseada em séculos de uma tradição antiga de investigação sobre as formas em que a superfície gramatical disfarçaria o significado real. Assim como Priestley, Thomas Reid também argumentou que a falha em observar "a distinção entre as operações da mente e os objetos dessas operações" é uma fonte de erro filosófico, tal como na interpretação da frase "Eu tenho uma ideia" sobre o modelo de "Eu tenho um diamante", quando devemos entendê-la como significando "Eu estou pensando". Em uma discussão anterior, o enciclopedista César Chesneau du Marsais, usando o mesmo e muitos outros exemplos, advertiu contra o erro de tomar substantivos como "nomes de objetos reais que existem independentemente do nosso pensamento". A linguagem, então, não dá licença para supor que palavras como "ideia", "conceito" ou "imagem" substituem "objetos reais", muito menos "objetos perceptíveis"[156]. Por motivos parecidos, Priestley argumenta que "nada certamente pode ser inferido de tal fraseologia como ['meu corpo'], que, afinal, é apenas derivada de apreensões vulgares".

A necessidade de resistir a argumentos de "apreensões vulgares" se mantém mais amplamente: para frases como "meus pensamentos", "meus sonhos", "meu espírito", até "eu mesmo", que é diferente de si mesmo (= mim, mesmo que em outro sentido, eu possa não ser eu mesmo nos dias de hoje). Quando João pensa em si mesmo, ele está pensando sobre João, mas não quando ele está pensando sobre si; ele pode machucar a si mesmo, mas não o seu eu (qualquer que seja o papel que essas curiosas entidades exerçam em nosso mundo mental). Existe uma diferença entre dizer que suas ações estão traindo seu eu verdadeiro (autêntico, anterior) e que ele está traindo a si mesmo, e "o seu próprio eu" indica uma característica mais essencial do que "si mesmo". A investigação em questões multifacetadas como essas, enquanto inteiramente legítima e quiçá esclarecedora, está preocupada com as "operações da mente", nossos modos de cognição e pensamento, e não deve ser mal-interpretada

---

156. CHOMSKY, N. *Aspects of the Theory of Syntax*. Cambridge, Mass.: MIT Press, 1965, p. 199-200. Para uma discussão mais extensa cf. CHOMSKY, N. *Cartesian Linguistics...* Op. cit. Sobre a exatidão das interpretações da teoria empirista por Reid e outros cf. YOLTON, J. *Perceptual Acquaintance from Descartes to Reid*. Mineápolis: University of Minnesota Press, 1984, cap. 5.

como dependente dos "objetos reais que existem independentemente do nosso pensamento". Essa última é uma preocupação das ciências naturais, e também considero ser a principal preocupação da tradição revista aqui.

As operações da mente sem dúvida acomodam a tese de que "eu não sou idêntico ao meu corpo", uma suposição central do dualismo da substância, propõe Stephen Yablo[157]. Ele sugere, além disso, que esse "dualismo da substância [...] estranhamente saiu de vista", talvez "porque não se reconhecem mais 'mentes' como entidades independentes, ou 'substâncias'", embora "os *si mesmos* – as coisas a que nos referimos pelo uso de 'eu' – certamente sejam substâncias, e faz pouco dano à intenção por trás do dualismo mente/corpo interpretá-lo como um dualismo de corpos e eus". Na tradição que estou seguindo aqui, foi a *matéria* que perdeu seu estatuto presumido, e não "estranhamente". Também não está totalmente claro, como acabamos de observar, se pelo uso do pronome da primeira pessoa (como em "Eu prometo dedicar meu corpo e minha alma"), ou pelo nome "João", nos referimos a *si mesmos*. No entanto, verdade ou falsidade à parte, um argumento seria necessário para mostrar que, no uso de tais palavras, nos referimos (ou mesmo nos consideramos como nos referindo) aos constituintes reais do mundo que existem independentemente de nossos modos de pensar. Uma alternativa, que me parece mais plausível, é que esses tópicos não pertencem à ciência natural, mas a um ramo da etnociência, um estudo de como as pessoas pensam sobre o mundo, um domínio muito diferente. Para a ciência natural, parece difícil melhorar a conclusão de Priestley:

---

157. YABLO, S. "The Real Distinction Between Mind and Body". *Canadian Journal of Philosophy*, supl. 16, 1990, p. 149-201.

que a sugestão de Locke era fundamentalmente precisa e que as propriedades "denominadas mentais" se resumem à "estrutura orgânica do cérebro" – embora de formas que não são compreendidas, o que não é uma grande surpresa quando consideramos a história do núcleo das ciências duras, como a química.

Como observado anteriormente, com o colapso da noção tradicional de corpo (etc.), há basicamente duas maneiras de reconstituir algum problema que se assemelhe ao problema tradicional mente-corpo: defina *físico*, ou elabore o problema em outros termos, tais como aqueles que Priestley antecipou.

Galen Strawson desenvolveu a primeira opção em uma série importante de publicações[158]. Ao contrário de muitos outros, ele dá uma definição de "físico", para que seja possível formular um problema físico/não físico. O físico é "qualquer tipo de existente [que esteja] localizado espaçotemporalmente (ou pelo menos temporariamente)". O físico inclui "eventos experienciais" (mais geralmente eventos mentais) e permite a formulação da questão de como os fenômenos experienciais podem ser fenômenos físicos – um "problema mente-corpo", em uma versão pós-newtoniana. Seguindo Eddington e Russell, e pensadores antecedentes principalmente Priestley, Strawson conclui que "o material físico tem, em si, 'uma natureza capaz de se manifestar como atividade mental', *i.e.*, como experiência ou consciência".

Isso não parece controverso, dadas as definições juntamente com alguns fatos simples. Mas Strawson pretende estabelecer a tese muito mais forte do *micropsiquismo* (que

---

158. Citações de STRAWSON, "Realistic Monism" and "Panpsychisms". Op. cit.

ele identifica aqui com o *pampsiquismo*): "pelo menos alguns princípios fundamentais são intrinsecamente relacionados à experiência". A premissa crucial para essa conclusão adicional, como Strawson explicita, é a Tese da Não-emergência Radical, já discutida, da qual se segue que "a realidade experiencial não pode emergir de uma realidade total e absolutamente não experiencial", uma questão metafísica, não epistêmica. Strawson interpreta a posição de Eddington como sendo *micropsiquismo*, citando sua observação de que seria "um tanto bobo preferir anexar [o pensamento] a algo da assim chamada natureza 'concreta' inconsistente com o pensamento, e então se perguntar de onde o pensamento vem", e que não temos conhecimento "da natureza dos átomos, o que torna totalmente incongruente que eles devam constituir um objeto pensante". Isso, no entanto, parece estar aquém do micropsiquismo/pampsiquismo de Strawson. Em vez disso, Eddington parece não ir além da concepção de Priestley, escrevendo que nada na física nos leva a rejeitar a conclusão de que um "aglomerado de átomos constituindo um cérebro" possa ser "um objeto pensante (consciente, experienciador)". Ao que parece, ele não adota a Tese da Não emergência Radical que é necessária para levar o argumento além da conclusão de Strawson. Russell também não chega a dar esse passo crítico, e Priestley explicitamente o rejeita, considerando a emergência radical como ciência normal. Interpretação textual à parte, as questões parecem relativamente retratadas com clareza.

A segunda opção é perseguida por Daniel Stoljar, que fez alguns dos trabalhos mais cuidadosos sobre fisicalismo e variantes do "problema mente-corpo". Ele oferece algumas respostas para a questão do que significa dizer que algo é *físico* – uma questão que, ele observa, não recebeu muita atenção na literatura, embora "sem qualquer entendimento do que o físico seja, não podemos ter uma compreensão séria do que é o fisicalismo"[159]. As respostas que ele oferece não são muito convincentes, acho que ele concordaria, mas ele argumenta que isso não importa muito: "temos muitos conceitos que entendemos mesmo sem saber como analisá--los", e "o conceito de físico é um dos conceitos centrais do pensamento humano". O último comentário está correto, mas apenas no que diz respeito ao conceito de senso comum da filosofia mecanicista, há muito tempo solapada. O primeiro também está correto, mas não está claro se queremos encontrar uma posição filosófica séria sobre um conceito que achamos que entendemos intuitivamente, mas não podemos analisar, particularmente quando uma longa história revela que tal compreensão do senso comum muitas vezes não consegue resistir a questionamentos sérios. Mas a razão mais fundamental de Stoljar para não se preocupar demais em caracterizar o "físico" é diferente: as questões, ele argumenta, devem ser mudadas para termos epistemológicos, não buscando redução para o *físico*, mas tomando o fisicalismo apenas como "fundo metafísico, suposição contra a qual os problemas da filosofia da mente são colocados e discutidos". Assim, "quando apropriadamente compreendidos, os problemas em que os filósofos da mente estão interessados não são a [própria] estrutura, e nessa medida não são metafísicos".

Stoljar sugere que "o problema principal em questão na filosofia contemporânea é distinto *tanto* do problema mente-corpo como esse problema é tradicionalmente entendido

---

159. As citações deste parágrafo são de STOLJAR, D. "Physicalism". In: ZALTA, E.N. (ed.). *The Stanford Encyclopedia of Philosophy*, 2001 [Disponível em http://plato.stanford.edu/archives/spr2001/entries/physicalism/].

quanto do problema tal como ele é, ou poderia ser, perseguido pelas ciências"; uma qualificação, penso eu, é que o problema tradicional, pelo menos de Descartes a Priestley (tomando o trabalho deste último como a culminação da reação pós-newtoniana ao problema tradicional), pode ser plausivelmente interpretado como um problema dentro das ciências. Sobre as questões tradicionais, "podemos agrup[á-las] sob a categoria 'metafísica da mente'", mas, para Stoljar, a filosofia contemporânea se preocupa com "princípios epistêmicos" e, crucialmente, com "*o problema lógico da experiência*". Pode ser verdade que "a noção do físico falha em atender a padrões mínimos de clareza", escreve ele, mas tais assuntos "desempenham apenas um papel ilustrativo ou não essencial no problema lógico", o que pode ser colocado "mesmo na ausência de [...] uma concepção razoavelmente definitiva do físico"[160]. O problema lógico surge da suposição de que (1) existem verdades experienciais, embora pareça plausível acreditar que tanto (2) toda essa verdade é acarretada por (ou sobrevive em) alguma verdade não experiencial quanto (3) nem toda verdade experiencial é acarretada (ou sobrevive) a alguma verdade não experiencial. Adotando (1) e (2) (com uma qualificação a ser considerada), a questão crucial é (3). Como já foi discutido, seguindo uma tradição que remonta a Newton e Locke, Priestley não vê razão para aceitar a tese (3): nossa "própria ignorância" das propriedades da *matéria* pós-newtoniana nos adverte a não dar esse passo. Nas palavras de Russell (que Stoljar cita), as verdades experienciais "não são conhecidas por terem qualquer caráter intrínseco que os eventos físicos não possam ter, já que não sabemos de nenhum caráter intrínseco que possa ser incompatível com as propriedades lógicas que a

---

160. STOLJAR, D. *Ignorance and Imagination...* Op. cit., p. 56, 58.

física atribui aos eventos físicos. A partir dessas perspectivas, então, o problema lógico não surge[161].

A solução de Stoljar para o problema lógico, o novo "problema mente-corpo", é semelhante à postura de Priestley e Russell, mesmo que seja um pouco diferente. Ela se baseia na sua "hipótese da ignorância, segundo a qual ignoramos um tipo de verdade não experiencial relevante em termos de experiência", de modo que o "problema lógico da experiência" se desfaz em fundamentos epistêmicos[162]. Ele sugere em outro lugar que "a visão radical de [...] que ignoramos a natureza do físico ou não experiencial tem o potencial de transformar completamente a filosofia da mente"[163]. Na formulação de Strawson, a linha (sensata) de pensamento que foi bem-compreendida até meio século atrás "desapareceu quase completamente da corrente filosófica dominante [assim que] a filosofia analítica adquiriu intuições hiperdualistas, ao mesmo tempo em que proclamava seu monismo. Com algumas honrosas exceções, ela descarteseou o Descartes (ou 'Descartes' [isto é, a versão construída]) em sua certeza de que sabemos o suficiente sobre o físico para saber que o experiencial não pode ser físico"[164].

A qualificação em relação a (2) é que não podemos presumir tão facilmente que existem verdades não experienciais; na verdade, a suposição pode ser "boba", como Eddington afirma. Alguns físicos chegaram a tais conclusões nos termos da teoria quântica. John Wheeler argumentou que os

---

161. Ibid., p. 17ss., 56-57, 104. Stoljar entende que "o problema tradicional" é derivado das *Meditações* (p. 45); logo, não é um problema da ciência. Embora essa seja uma leitura convencional, ela é questionável, por motivos já discutidos.
162. Ibid., cap. 4.
163. STOLJAR, D. "Comments on Galen Strawson". In: STRAWSON, G. et al. *Consciousness and Its Place in Nature.* Op. cit., p. 170-176.
164. Cf. STRAWSON, G. "Realistic Monism"... Op. cit., p. 11, n. 21.

"princípios fundamentais" podem ser apenas "*bits* de informação", respostas a perguntas colocadas pelo investigador. Segundo H.P. Stapp, "os eventos reais da teoria quântica são incrementos experimentais no conhecimento"[165]. Os três graus de certeza de Russell sugerem outras razões para o ceticismo. Pelo menos, alguma cautela é necessária sobre a legitimidade até mesmo da formulação do "problema lógico".

Stoljar invoca a hipótese da ignorância ao criticar as conclusões de C.D. Broad sobre a irredutibilidade da química à física, um análogo próximo ao argumento do conhecimento, observa ele. Ele conclui que Broad não sabia "que fatos químicos decorrem de fatos físicos", a saber, os fatos da teoria quântica[166]. Mas colocar o assunto dessa maneira é um pouco enganador. O que aconteceu é que a física mudou radicalmente com a revolução da teoria quântica, e com ela a noção de "fatos físicos". Uma formulação mais apropriada, eu acho, é reconhecer que, depois de Newton, o conceito "fatos físicos" não significa nada mais do que aquilo que a melhor teoria científica atual postula; portanto, ele deve ser visto como um dispositivo retórico de esclarecimento, não acrescentando nenhum conteúdo substantivo. A questão do fisicalismo não pode ser descartada tão facilmente. Como a velha toupeira de Marx, ela fica colocando o nariz para fora de seu buraco na terra.

Há também graus menores de mistério, vale a pena ter em mente. Um dos interesses particulares para os seres humanos é a evolução de suas capacidades cognitivas. Sobre este tema, o biólogo evolucionista Richard Lewontin argumentou

---

165. WHEELER, J.A. *At Home in the Universe*. Nova York: American Institute of Physics, 1994. • STAPP, H.P. "Commentary on Strawson's Target Article". In: STRAWSON, G. et al. *Consciousness and Its Place in Nature*. Op. cit., p. 163-169.

166. STOLJAR, D. *Ignorance and Imagination...* Op. cit., p. 139.

com veemência que podemos aprender muito pouco, porque as evidências são inacessíveis, pelo menos em quaisquer termos entendidos pela ciência contemporânea[167]. Para a linguagem, há duas questões fundamentais a esse respeito: primeiro, a evolução da capacidade de construir uma gama infinita de expressões estruturadas hierarquicamente, interpretáveis por nossos sistemas cognitivo e sensório-motor; e segundo, a evolução dos elementos atômicos, relativamente semelhantes a palavras, que entram nesses cálculos. Em ambos os casos, as capacidades parecem ser específicas dos seres humanos, talvez até mesmo específicas da linguagem, apartadas das leis naturais que elas obedecem, que podem ter consequências bem amplas, sugere trabalho recente. Acho que algo pode ser dito sobre a primeira dessas questões, a evolução dos mecanismos gerativos. Uma conclusão que parece cada vez mais plausível é que a externalização da linguagem por meio do sistema sensório-motor é um processo auxiliar e também a localização de grande parte da variação e da complexidade da linguagem. A evolução dos átomos de computação, no entanto, parece atolada em mistério, quer pensemos neles como conceitos ou itens lexicais da linguagem. Nos sistemas simbólicos de outros animais, os símbolos parecem estar diretamente ligados a eventos independentes da mente. Os símbolos da linguagem humana são nitidamente diferentes. Mesmo nos casos mais simples, não há relação palavra-objeto, em que os objetos são entidades independentes da mente. Não há relação de referência, no sentido técnico familiar de Frege e Peirce aos externalistas contemporâneos. Pelo contrário, parece que devemos adotar algo como a abordagem da revolução cognitiva dos séculos XVII e XVIII, e as conclusões de

---

167. LEWONTIN, R.C. "The Evolution of Cognition: Questions We Will Never Answer". In: SCARBOROUGH, D. & STERNBERG, S. (eds.). *An Invitation to Cognitive Science...* Op. cit., p. 107-132.

Shaftesbury e Hume de que a "natureza peculiar pertencente aos" elementos linguísticos usados para se referir não é algo externo e independente da mente. Em vez disso, sua natureza peculiar é um complexo de perspectivas que envolvem propriedades *Gestalt*, causa e efeito, "simpatia por partes" dirigidas a um "fim comum", continuidade psíquica e outras propriedades mentais. Como afirmou Hume, a "identidade, que atribuímos" a vegetais, corpos de animais, artefatos ou à "mente do homem" – a gama de propriedades individuantes – é apenas "fictícia", estabelecida por nossos "poderes cognoscitivos", tal como eles foram denominados por seus precursores no século XVII. Isso não é impedimento para a interação, incluindo o caso especial da comunicação, dados os poderes cognoscitivos amplamente compartilhados. Em vez disso, as propriedades semânticas das palavras parecem semelhantes a suas propriedades fonéticas. Ninguém está tão iludido a ponto de acreditar que existe um objeto independente da mente correspondente à sílaba interna [ba], alguma construção do movimento de moléculas, talvez, que é selecionada quando digo [ba] e quando você a ouve. Mas a interação prossegue apesar disso, sempre um caso de mais-ou-menos e não um de sim-ou-não[168].

Há muito a dizer sobre esses tópicos, mas não vou levá-los adiante aqui, apenas comentarei que também neste caso pode haver mérito para a conclusão de Strawson de que "intuições hiperdualistas" devem ser abandonadas juntamente com a "certeza de que sabemos o suficiente sobre o físico para saber que o experiencial não pode ser físico", e para a

---

168. Cf. CHOMSKY, N. *Cartesian Linguistics...* Op. cit., p. 94ss. Sobre as concepções cartesianas e neoplatônicas do papel dos "poderes cognoscitivos", cf. McGILVRAY, J. "Introduction to the Third Edition". In: CHOMSKY, N. *Cartesian Linguistics...* Op. cit., p. 1-52. Para uma revisão e fontes sobre referência, cf. CHOMSKY, N. *New Horizons in the Study of Language and Mind*. Op. cit. sobre Shaftesbury, Hume e precursores, cf. MIJUSKOVIC, B.L. *The Achilles of Rationalist Arguments*. Op. cit.

sugestão de Stoljar de que "a visão radical" pode transformar a filosofia da mente e da linguagem, se levadas a sério.

Voltando finalmente ao exemplo central da ciência cartesiana, a linguagem humana, o conselho de Gassendi para buscar uma compreensão "química" de sua natureza interna tem sido perseguido com algum sucesso, mas o que dizia respeito aos cartesianos era algo diferente: o uso criativo da linguagem, o que Humboldt mais tarde chamou de "o uso infinito de meios finitos", enfatizando *uso*[169].

Há trabalhos interessantes sobre os preceitos para o uso da língua sob condições particulares – notadamente a intenção de ser informativo, como na pragmática neogriceana –, mas não está claro até que ponto isso se estende ao uso normal da linguagem e, de qualquer forma, não aborda as questões cartesianas do uso criativo, que permanecem como um mistério tanto agora quanto eram séculos atrás, e podem vir a ser um desses segredos fundamentais que sempre permanecerão na obscuridade, impenetráveis à inteligência humana.

---

169. Sobre equívocos em relação a esse tema, cf. CHOMSKY, N. "A Note on the Creative Aspect of Language Use". *Philosophical Review*, 41, n. 3, 1982, p. 423-434.

ÍNDICE REMISSIVO

Abdução 15, 58, 91
Ação a distância 65, 124s., 129
Afro-americanos 80
Albert, David 90
Albert, Michael 108
Alperovitz, Gar 108
América Latina 100, 114
Anarcossindicalismo 22, 96
Anarquismo 22, 24, 97-101
Antibolchevique 97, 108
Aquisição da linguagem 11, 38, 41
Aristóteles 11, 19, 30, 33, 77, 116, 128
Ativismo 23

Bakunin, Mikhail 22, 99, 102
Base biológica 8
Bem comum 21-23, 27, 93-95, 98, 118
Bernays, Edward 112
Bilgrami, Akeel 76
Biolinguístico (modelo, programa) 31, 36
Biologia 7, 15, 17, 31, 67, 91, 154
Black, Joseph 149s., 152
Bloomfield, Leonard 31s.

Boas, Franz 32
Bohr, Niels 151
Bolcheviques 23
Boltzmann, Ludwig 151
Broad, C.D. 170
Brock, William 150
Brown, Roger 75
Burocracia vermelha 102

Capitalismo 22s., 25
Cartesiano(a) 34, 61, 75, 121, 127, 133s., 140, 154, 173
Cérebro 14, 30s., 37, 45, 54, 59-61, 66-68, 123-126, 136, 146, 153, 155, 157, 160, 165
Churchland, Patricia 50
Churchland, Paul 67
Ciência(s) cognitiva(s) 7, 27, 33, 40, 86
Ciências naturais 89, 145, 147, 164
Círculo de Hilbert 89
Clarke, Desmond 133s.
Coerção 24, 106
Cognição 10, 14s., 20s., 72, 86, 93, 163

Cognição humana 14s., 93
Cohen, I. Bernard 121
Colapso da filosofia mecanicista 67, 140, 155
Cole, G.D.H. 108
Comissão trilateral 113
Comunicação 11s., 19, 43-45, 51-54, 59, 72, 74s., 82, 106, 172
Conhecimento 7, 16, 21, 25, 52, 58s., 86, 111, 117, 123, 129, 141-147, 152, 156, 166, 170
Consciência 17s., 42, 52, 63, 69-71, 79, 93, 125s., 131, 135, 144, 159s., 165
Constituição Americana 79
Cópia(s) 46-49, 51, 53
Cordemoy, Géraud de 34, 132
Criatividade 24, 92, 107, 136
Crick, Frances 66
Cudworth, Ralph 69

Dalton, John 150
Darwin, Charles 8s., 12, 28-30, 33, 66s., 75, 124, 155
Day, Dorothy 99
Década do cérebro 154
Democracia 23s., 103, 106, 112s., 116s.
Dennet, Daniel 83s.
Descartes, René 8, 34, 67, 69, 87s., 121, 124, 127, 131-134, 140, 146, 148, 155, 168s.
Deslocamento 13, 46-49, 153
Deutsch, David 90
Dewey, John 22-24, 106-108, 112

Dijksterhuis, E.J. 124s., 128
Direitos
 civis 97
 humanos 94
Distância
 estrutural 10, 38-40
 linear 10, 38-40
Dominação 98, 102, 106
Dostoiévski, Fiodor 100
Doutrina referencialista 74, 78
Downin, Paul 135
Dualismo 133s., 154, 157, 162, 164
 metafísico 61
 metodológico 61, 154, 157
Dulles, John Foster 114

Eddington, Arthur 141, 144, 158, 165s., 169
Einstein, Albert 151
Elementos atômicos da computação 19
Ellernan, David 80, 101, 107
Emergência radical 159, 166
Epistemologia 148
Escola das Américas 99
Escravidão 80, 109s.
Esquerda 97, 101, 108
Estados Unidos 23, 97, 99, 102-104, 114
Evolução 20, 28s., 33, 43s., 47, 72-74, 121, 170s.
Experiência 35, 51, 65, 70s., 78, 86, 123, 128, 132, 135, 143-146, 148, 160s., 165s., 169
Experimentos de Libet 70
Exploração econômica 98

Fenômenos mentais 67, 134, 154
Feyerabend, Paul 145
Filosofia
 contemporânea 20, 167s.
 da ciência 7
 da linguagem 7, 27
 mecânica 65, 67, 87s., 150
 moral 7
Física
 cartesiana 127, 134
 newtoniana 127
 quântica 130
Fisicalismo 144, 154, 166s., 170
Flanagan, Owen 57
Føllesdal, Dagfinn 81
Fonética 76s., 85
Fonologia 82
Fourier, Joseph 89
Frege, Gotlob 171
Friedman, Michael 138

Galileu 8, 33, 35, 37, 40, 54, 87, 124, 130s., 134, 145s.
Gassendi, Pierre 129, 148, 173
Gearty, Conor 105
Gleitman, Lila 81
Gödel, Kurt 89
Governo Carter 113
Gramática
 gerativa 9s., 30, 36
 Universal (GU) 14, 36, 38, 47, 50, 58
Gravidade 17s., 66, 124, 127, 137, 139
Greenberg, Joseph 50
Guerin, Daniel 99

Guerra 80, 99, 116
 civil espanhola 22
 Fria 100

Hahnel, Robin 108
Harris, Zellig 32s., 104
Helmholtz, Hermann von 135
Hilbert, David 20, 89
Hoffman, Donald 70, 143, 154
Hornstein, Norbert 85
Humboldt, Whilhelm von 8s., 22, 34s., 45, 69, 94s., 106s., 173
Hume, David 19s., 49, 59, 62s., 69, 78, 85-87, 92, 119, 123-126, 129, 131, 143, 146, 148, 155, 172
Huntington, Samuel 113
Huygens, Christiaan 87, 124

Identidade 78s., 84-86, 172
Ignorância 62s., 119, 122, 131, 156, 158s., 161, 168-170
Igreja 99s.
Ilhas 52
Iluminismo 21s., 88-90, 95-97, 107
Imaginação 62, 78, 86, 107, 120
Individualidade 22, 109
Inseto(s) 91, 136, 152s.
Inteligibilidade 65, 87, 126s., 130s., 134, 152
Interesses corporativos 22
Interface
 conceitual-intencional 9s., 12, 19, 30, 42
 sensório-motora 8s., 12, 19, 30
Interpretação semântica 12s., 41, 47, 51, 53

Intuição 132
Investigação científica 16, 40, 58, 65, 69, 87, 90

Jackson, Frank 142, 144
Jacobi, Carl Gustav Jacob 89
Janiak, Andrew 65, 87, 125
Jefferson, Thomas 117
Jespersen, Otto 35s.
Johnson, Samuel 62
Joos, Martin 32
Justiça 94, 115

Kandel, Eric 136
Kanwisher, Nancy 135
Kant, Immanuel 21, 79, 138
Katz, Jerrold 11
Kekulé, August 45, 150s.
Kerry, John 104
Korsch, Karl 97
Koyré, Alexandre 140
Kripke, Saul 82
Kropotkin, Peter 101
Kuhn, Thomas 127

La Mettrie, Julien Offrey de 156, 158
Lacuna explicativa 126, 150, 152
Lange, Friedrich 139s.
Lasswell, Harold 112s.
Lavoisier, Antoine 151
Lei comum britânica 49
Leibniz, Gottfried 64, 87, 124
Lewis, C.I. 62
Lewontin, Richard 20, 72, 86, 170
Liberalismo 94, 96, 101, 106

Liberdade 21, 79, 94, 105, 111, 138
Limites da cognição humana 14
Línguas de sujeito nulo 52
Língua(s)
 -E 9, 30
 gestual(is) 10, 45s.
 -I 10, 14, 19, 30s., 36, 84, 93
Linguagem
 do pensamento 42, 70, 93
 humana 31, 36, 41, 61, 73-76, 78, 82, 152, 173
Linguística 13, 27, 32, 43, 48, 77, 81, 83
 cartesiana 34
 teórica 7
Lippmann, Walter 23, 112s.
Livre-
 -arbítrio 71, 88, 132
 -mercado 23
Locke, John 63s., 66s., 78, 85-87, 119s., 122-124, 131, 138, 140, 155, 157, 160s., 165, 168
Londres 83s.

Macacos 41, 71
Macaco-vervet 74
Machamer, Peter 130s.
Madison, James 23, 113-116
Marsais, César Chesnau de 163
Marx, Karl 22, 107, 118, 170
Matemática 19, 89, 139, 149
Matéria pensante 122, 155, 157
Materialismo 139s., 144, 158
Mattick, Paul 97
McMullin, Ernan 121, 125, 127
Meditações (de Descartes) 133

Meios de produção 22, 106
Melman, Seymour 108
Mente
 consciente 18
 humana 58, 148, 161
Mercado 101, 104
Merge 13, 45-49, 52-54
 Externo 13, 46, 53
 Interno 13, 46s., 49, 52
Mersenne, Marin 129
Metafísica 7, 20, 65, 78, 129, 134, 144, 160, 166s.
 realista 20
Metamatemática 78
Mill, John Stuart 21, 94, 107
Misterianismo 20, 57, 61, 63, 66, 69, 71, 86, 149
Mistérios 15s., 20, 58, 60, 63s., 69, 71, 87, 91, 93, 119, 135
 para humanos 63
Moore, G.E. 62
Moravcsik, Julius 76
Mountcastle, Vernon 67, 154
Movimento
 dos trabalhadores rurais brasileiros 25, 102
 dos trabalhadores católicos 99
Mulheres 80, 99, 105, 108s.

Nagasawa, Yujin 142
Nagel, Thomas 68, 159s.
Nativos americanos 79
Natureza
 cognitiva 27, 91
 da alma 86
 humana 62, 94, 96

Navio de Teseu 85
Neodemocracia 24, 105
Neoliberalismo 24, 105
Neurociência 10, 36, 39, 68
New York Times 103s.
Newton, Isaac 16-18, 21, 51, 62-65, 67, 69, 119-122, 124-129, 131, 134s., 138-140, 146, 148-150, 153, 157, 160, 168, 170
Nova biologia 67, 154

Obama, Barack 104
Opticks (de Newton) 121
Ordem linear 10s., 38-40, 45
Origem(ns) da linguagem 11, 13s., 19, 45, 54, 73, 82, 86

Pannekoek, Anton 97
Pampsiquismo 161, 166
Paradoxo 85, 121
Passivização 51
Pauling, Linus 152
Peirce, Charles Sanders 15s., 20s., 58, 88, 90, 147, 171
Pensamento 8, 10, 14, 18, 20, 32-34, 36, 42, 45, 52-54, 63-66, 69, 74, 86, 89, 93, 95, 97s., 108, 121s., 132-134, 141, 155, 157s., 163-167
Percepção 11, 41, 48, 51, 53, 62, 70, 91, 98, 122s., 135, 146, 148, 156
Perrin, Jean Baptiste 53
Personalidade civil 79
Petitto, Laura-Ann 75
Petty, Sir William 137
Plutarco 85

Poderes cognoscitivos 78, 81, 172
Poincaré, Henri 151
Política 7, 23, 95, 98, 102, 104, 108, 115, 117
Popkin, Richard 129
População 24, 95, 103
Positivistas 127
Povo 102, 116
Pragmática 19, 21, 82, 173
 neogriceana 173
Priestley, Joseph 17, 20, 67, 123, 155-158, 161-166, 168s.
Primatas 11, 41
Principia (de Newton) 121
Princípio
 da categoria vazia 52
 da computação mínima 45s.
Problema mente-corpo 18, 61, 67, 145s., 154s., 158, 165s., 169
Problemas e mistérios 15s., 87
Procedimento computacional 9, 30
Programa minimalista 54
Projeto NIM 75
Propriedade Básica da Linguagem 8, 10, 53

Química 53, 68, 121, 148-152, 159s., 165, 170, 173
Quine, W.V.O. 18, 50, 70, 75, 81, 83, 143

Raciocínio 42, 58, 62, 84
Rebelião de Shay 113
Regulae ad directionem ingenii (de Descartes) 132
Reid, Thomas 162s.

ReMerge 46
Revolução
 científica 87-89, 93, 120, 129-131
 cognitiva 78, 81, 148, 171
 subjetivista 85
Rigidez (princípio ou regra da) 70, 153s.
Rizzi, Luigi 52
Rocker, Rudolph 22, 96, 98s., 101, 106
Rose, Jonathan 111
Russel, Bertrand 20, 61, 63, 68, 87, 129, 141-147, 152, 154, 158, 161, 165, 168-170
Ryle, Gilbert 18, 140, 146

Salário 109, 111
Sapir, Edward 32
Saussure, Ferdinand de 31s., 74
Schneider, Nathan 98
Searle, John 18, 67, 70, 143
Self 79
Semântica 12s., 19, 40s., 46, 82, 172
 aiciacional 76
Senso comum 18, 58, 69, 88, 120-122, 125, 130, 134, 150, 162, 167
Shaftesbury, Anthony Ashley Cooper, terceiro Duque de 172
Shalom, Steven 108
Shelley, Percy 110s.
Significado 9, 11, 18, 30, 33, 43s., 66, 69, 74, 77, 81, 162
Simplicidade 13, 39, 117
Sinais 19, 32, 123
Sintagma nominal 82

Sistema
  de saúde 23, 103s.
  digestivo 59s.
Smith, Adam 21s., 24, 95s., 106
Smith, Neil 39s.
Sobre a liberdade (de Mill) 94
Socialismo 97, 108
  libertário 96
Stapp, H.P. 170
Stoljar, Daniel 131, 142, 158, 166-170, 173
Strawson, Galen 62, 158-161, 165, 169, 172
Strawson, Peter 76s.

Tattersall, Ian 29, 35, 54, 73
Teoria(s)
  corpusculares 85
  da mente 148
  estética 91
Tese
  da MMM 81
  Minimalista Forte (TMF) 54
  Teste de Turing 34
Thackray, Arnold 149, 157
Trabalhadores 22s., 95, 97, 106-112, 117
Trabalho cooperativo 22, 105, 107
Tradição parlamentar 23
Tratado da Natureza Humana (de Kant) 62
Truísmo 27s., 57, 59, 61, 64, 71, 94, 98, 101, 146
Truman, Harry 112
Tsimpli, Ianthi-Maria 39
Turing, Alan 34, 133

Umwelt 145
Uso criativo da linguagem 92, 133s., 173

Vanguardismo leninista 23
Vaticano II 99
Vaucanson, Jacques de 120
Voltaire 137
Vygotsky, Lev 42

Ware, Norman 23, 108s., 111
Wheeler, John 169s.
Whitney, William Dwight 32s.
Word and Object (de Quine) 50
Words and Things (de Brown) 75

Yablo, Stephen 164
Yolton, John 157

Zeki, Semir 136s.

CULTURAL

Administração
Antropologia
Biografias
Comunicação
Dinâmicas e Jogos
Ecologia e Meio Ambiente
Educação e Pedagogia
Filosofia
História
Letras e Literatura
Obras de referência
Política
Psicologia
Saúde e Nutrição
Serviço Social e Trabalho
Sociologia

CATEQUÉTICO PASTORAL

Catequese
  Geral
  Crisma
  Primeira Eucaristia

Pastoral
  Geral
  Sacramental
  Familiar
  Social
  Ensino Religioso Escolar

TEOLÓGICO ESPIRITUAL

Biografias
Devocionários
Espiritualidade e Mística
Espiritualidade Mariana
Franciscanismo
Autoconhecimento
Liturgia
Obras de referência
Sagrada Escritura e Livros Apócrifos

Teologia
  Bíblica
  Histórica
  Prática
  Sistemática

VOZES NOBILIS

Uma linha editorial especial, com importantes autores, alto valor agregado e qualidade superior.

REVISTAS

Concilium
Estudos Bíblicos
Grande Sinal
REB (Revista Eclesiástica Brasileira)

VOZES DE BOLSO

Obras clássicas de Ciências Humanas em formato de bolso.

PRODUTOS SAZONAIS

Folhinha do Sagrado Coração de Jesus
Calendário de mesa do Sagrado Coração de Jesus
Agenda do Sagrado Coração de Jesus
Almanaque Santo Antônio
Agendinha
Diário Vozes
Meditações para o dia a dia
Encontro diário com Deus
Guia Litúrgico

CADASTRE-SE
www.vozes.com.br

EDITORA VOZES LTDA.
Rua Frei Luís, 100 – Centro – Cep 25689-900 – Petrópolis, RJ
Tel.: (24) 2233-9000 – Fax: (24) 2231-4676 – E-mail: vendas@vozes.com.br

UNIDADES NO BRASIL: Belo Horizonte, MG – Brasília, DF – Campinas, SP – Cuiabá, MT
Curitiba, PR – Fortaleza, CE – Goiânia, GO – Juiz de Fora, MG
Manaus, AM – Petrópolis, RJ – Porto Alegre, RS – Recife, PE – Rio de Janeiro, RJ
Salvador, BA – São Paulo, SP